AF284449

Impressum
Verlag: BABADADA GmbH, Nedderfeld 112 , 22529 Hamburg
Geschäftsführer / Verlagsleitung: Harald Hof
Druck: Books on Demand GmbH, In de Tarpen 42, 22848 Norderstedt

Imprint
Publisher: BABADADA GmbH, Nedderfeld 112 , 22529 Hamburg, Germany
Managing Director / Publishing direction: Harald Hof
Print: Books on Demand GmbH, In de Tarpen 42, 22848 Norderstedt

school

سکول

delen
تقسیم

bord
بورڈ

klaslokaal
کلاس روم

speelplaats
سکول نا میدان

leerkracht
استاد

papier
کاغذ

schrijven
لکھنا

pen
قلم

bureau
میز

liniaal
سکیل

boek
کتاب

leerling
شاگرد

schooltas
جزدان

pennenzak
پینسل دا ڈبہ

potlood
پینسل

puntenslijper
پینسل شارپنر

gom
ربر

tekenblok
ڈرائنگ پیڈ

tekening

ڈرائنگ

verfborstel

پینٹ برش

verfdoos

پینٹ باکس

schaar

قینچی

lijm

گلو

werkboek

مشقی کتاب

huiswerk

گھر دا کم

nummer

عدد

optellen

جمع

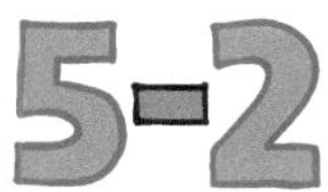

aftrekken

تفریق

vermenigvuldigen

ضرب

rekenen

کیلکولیٹ

letter

خطرہ

alfabet

حروف تہجی

woord

لفظ

tekst

متن

Lezen

پڑھنا

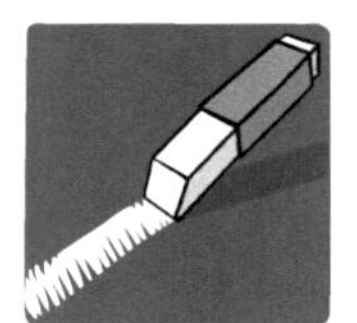

krijt

چاک

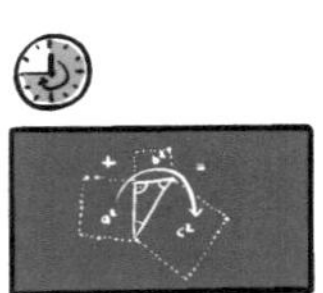

les

سبق

klassenboek

رجسٹر

examen

امتحان

certificaat

سند

schooluniform

سکول نی وردی

onderwijs

تعلیم

encyclopedie

انسائیکلوپیڈیا

universiteit

یونیورسٹی

microscoop

مائیکرو سکوپ

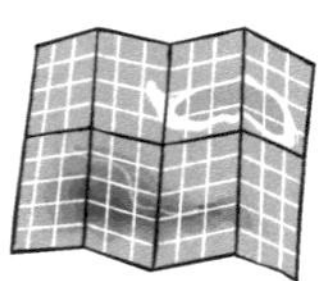

kaart

نقشہ

papiermand

کچرے نا ڈبہ

hotel
ہوٹل

Grand

jeugdherberg
ہاسٹل

ROOMS

EXCHANGE

wisselkantoor
ایکسچینج دفتر

koffer
سوٹ کیس

auto
کار

Taal
بولی

ja / nee
ہاں /نہیں

oké
ٹھیک ہے

hallo
اسلام و علیکم

vertaler
ترجمان

bedankt
شکریہ

Hoeveel kost ...?

....

ایہہ کنے نے ؟

Ik begrijp het niet

....

می سمجھ نئیں رلی

probleem

....

مسئلہ

Goedenavond!

....

اسلام و علیکم

Goedemorgen!

....

اسلام و علیکم

Goedenavond!

....

اللہ حافظ

Tot ziens

....

اللہ نے حوالے

richting

....

سمت

bagage

....

سامان

zak

....

بیگ

rugzak

....

بیک پیک

gast

....

مہمان

kamer

....

کمرہ

slaapzak

....

سلیپنگ بیگ

tent

....

خیمہ

toeristeninformatie

سیاح لئی معلومات

strand

ساحل سمندر

kredietkaart

کریڈٹ کارڈ

ontbijt

ناشتہ

lunch

دوپہر نا کھانا

avondeten

رات نا کھانا

ticket

ٹکٹ

lift

لفٹ

postzegel

مہر

grens

بارڈر

douane

کسٹمز

ambassade

ایمبیسی

visum

ویزا

paspoort

پاسپورٹ

transport

ٹرانسپورٹ

vliegtuig
جہاز

schip
پانی آلا جہاز

brandweerwagen
فائر انجن

bus
بس

vrachtwagen
ٹرک

motorboot
موٹر بوٹ

fiets
بائیک

auto
کار

veerboot

فیری

boot

کشتی

motor

موٹر بائیک

politiewagen

پولیس کار

racewagen

ریسنگ کار

huurauto

کرایہ نی گڈّ

carpoolen

کار شیئرنگ

sleepwagen

بریک ڈاؤن ٹرک

vuilniswagen

ریفیوز ٹرک

motor

موٹر

benzine

فیول

benzinestation

پٹرول سٹیشن

verkeersbord

ٹریفک سائن

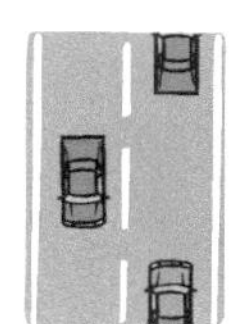

verkeer

ٹریفک

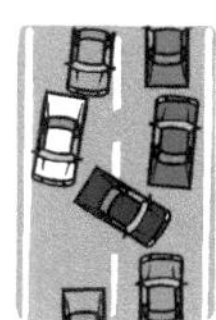

file

ٹریفک جام

parkeerplaats

کار پارک

station

ریل سٹیشن

sporen

ٹریکس

trein

ریل

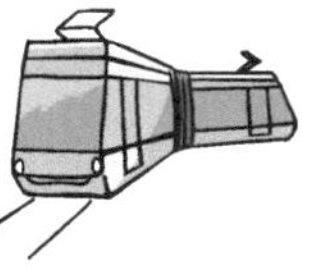

tram

ٹرام

wagon

کیرج

helikopter

بیلی کاپٹر

luchthaven

ائر پورٹ

toren

مینار

passagier

مسافر

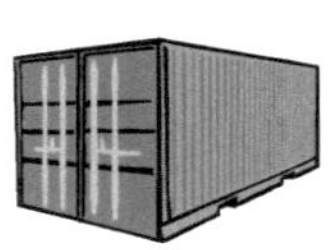

container

کنٹینر

karton

کاٹن

kar

چھکڑا

mand

بالٹی

opstijgen / landen

اڈنا / لہنا

stad

شہر

dorp

پنڈ

stadscentrum

سٹی سینٹر

huis

کھار

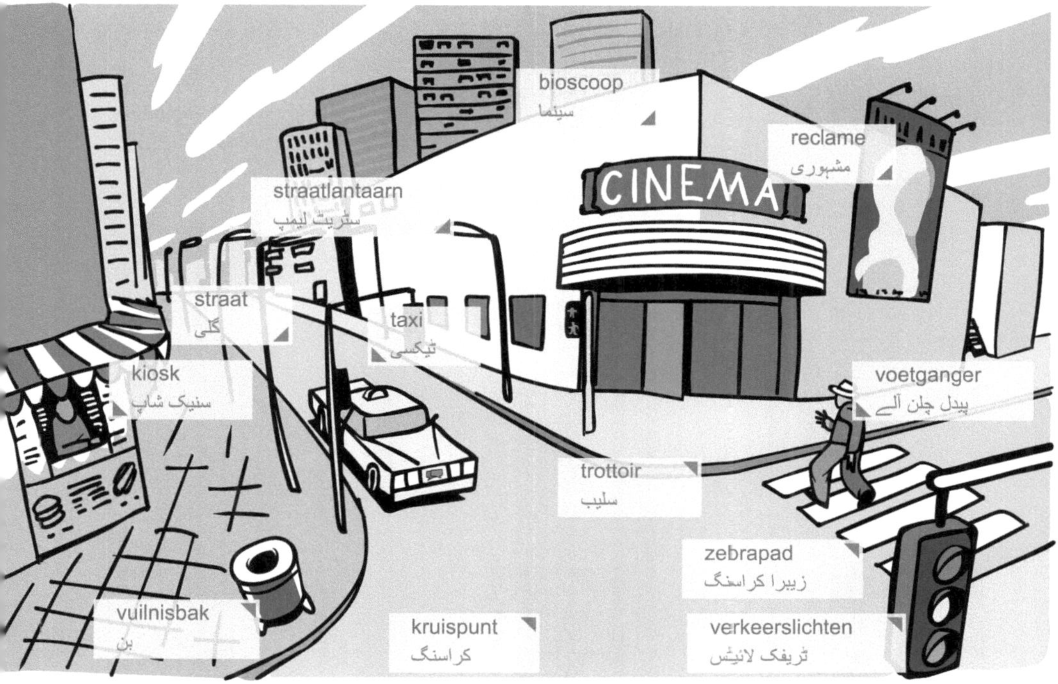

bioscoop
سینما

reclame
مشہوری

straatlantaarn
سٹریٹ لیمپ

straat
گلی

taxi
ٹیکسی

kiosk
سنیک شاپ

voetganger
پیدل چلن آلے

trottoir
سلیب

zebrapad
زیبرا کراسنگ

vuilnisbak
بن

kruispunt
کراسنگ

verkeerslichten
ٹریفک لائیٹس

hut

ہٹ

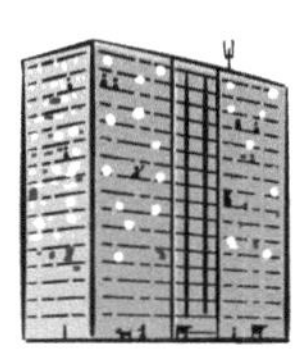

woning

فلیٹ

station

ریل سٹیشن

stadshuis

ٹاؤن ہال

museum

میوزئیم

school

سکول

universiteit

یونیورسٹی

bank

بنک

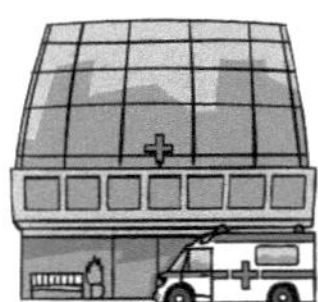

ziekenhuis

ہسپتال

hotel

ہوٹل

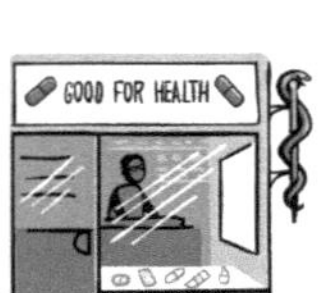

apotheek

فارمیسی

kantoor

دفتر

boekwinkel

کتب خانہ

winkel

ہٹی

bloemenwinkel

پھلاں الے

supermarkt

سپر مارکیٹ

markt

بازار

warenhuis

ڈیپارٹمنٹ سٹور

vishandelaar

مچھیرے

winkelcentrum

شاپنگ سینٹر

haven

بندرگاہ

park

پارک

bank

بنچ

brug

پل

trap

سیڑھیاں

metro

انڈر گراؤنڈ

tunnel

ٹنل

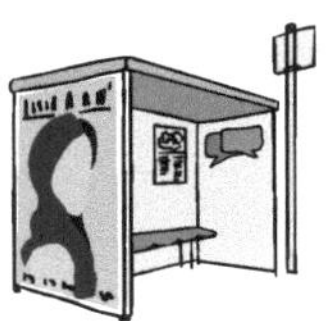

bushalte

بس سٹاپ

bar

بار

restaurant

ریسٹورنٹ

brievenbus

پوسٹ بکس

straatnaambord

سٹریٹ سائن

parkeermeter

پارکنگ میٹر

zoo

چڑیا گھر

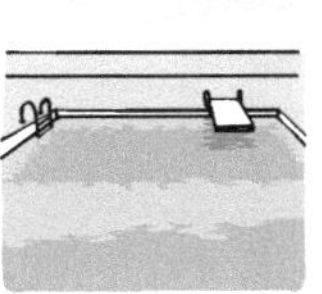

zwembad

سوئمنگ پول

moskee

مسجد

boerderij

فارم

milieuverontreiniging

آلودگی

kerkhof

قبرستان

kerk

چرچ

speelplaats

پلے گراؤنڈ

tempel

مندر

landschap

منظر

blad
پتہ

wegwijzer
سائن پوسٹ

weg
راہ

weide
سر سبز میدان

steen
پتھر

wandelaar
ہائکر

boom
درخت

rivier
دریا

gras
کاہ

bloem
پھل

vallei

وادی

heuvel

پہاڑی

meer

نہر

bos

جنگل

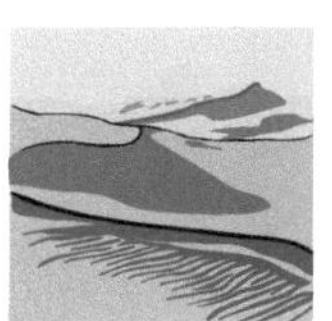

woestijn

صحرا

vulkaan

آتش فشاں

kasteel

قلعہ

regenboog

رین بو

paddenstoel

کھمبی

palmboom

پام ٹری

mug

مچھر

vlieg

مکھی

mier

چیونٹا

bijl

مکھی

spin

مکڑی

kever

بھونرا

kikker

مینڈک

eekhoorn

گلہری

egel

سیہہ

haas

ساھیا

uil

الو

vogel

پرندہ

zwaan

راج ہنس

wild zwijn

نر سور

hert

ہرن

eland

بارہ سنگا

dam

ڈیم

windturbine

ونڈ ٹربائن

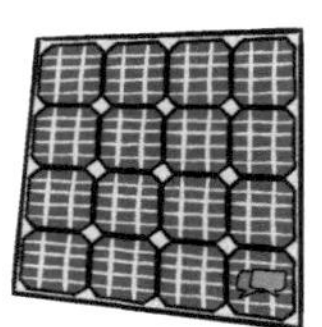

zonnepaneel

شمسی توانائی دا پینل

klimaat

آب و ہوا

restaurant

ریسٹورنٹ

ober
ویٹر

menu
مینیو

stoel
کرسی

soep
سوپ

pizza
پیزا

tafelkleed
میز نا کپڑا

bestek
پھانڈے

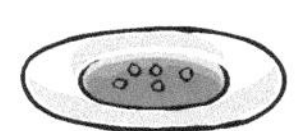

voorgerecht
سٹارٹر

hoofdgerecht
مین کورس

nagerecht
ڈیزرٹ

drankjes
مشروب

eten
کھانا

fles
بوتل

fastfood

فاسٹ فوڈ

street food

سٹریٹ فوڈ

theepot

ٹی پاٹ

suikerpot

شوگر بول

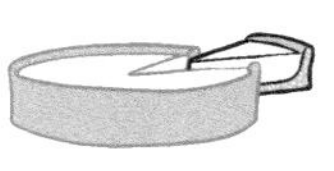

portie

پورشن

espressomachine

اسپریسو مشین

kinderstoel

ہائی چئیر

rekening

بل

dienblad

ٹرے

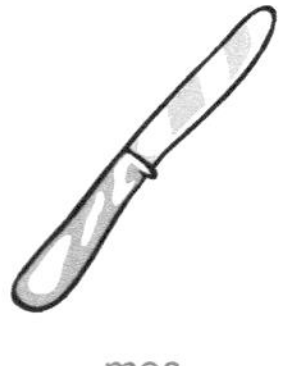

mes

چھری

vork

کنڈا

lepel

چمچ

theelepel

ٹی سپون

serviette

تولیہ

glas

گلاس

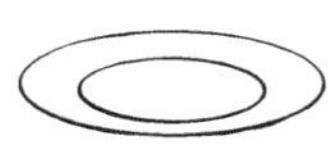

bord

پلیٹ

soepbord

سوپ پلیٹ

schoteltje

ساسر

saus

چٹنی

zoutvatje

نمک دانی

pepermolen

پیپر مل

azijn

سرکہ

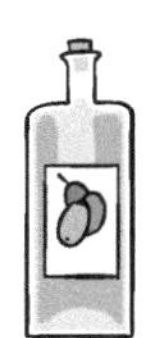

olie

تیل

kruiden

مصالحہ

ketchup

کیچپ

mosterd

سربیئوں

mayonaise

مینیز

supermarkt

سپر مارکیٹ

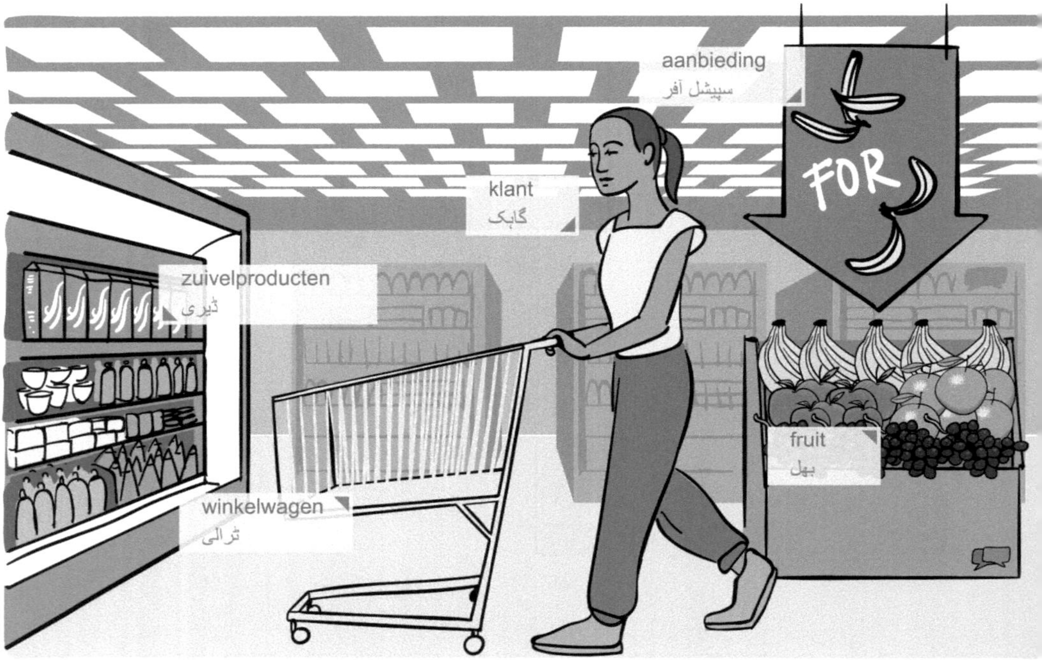

aanbieding
سپیشل آفر

FOR

klant
گاہک

zuivelproducten
ڈیری

fruit
پھل

winkelwagen
ٹرالی

slagerij

قصائی

bakkerij

بیکرز

wegen

وزن

groenten

سبزیاں

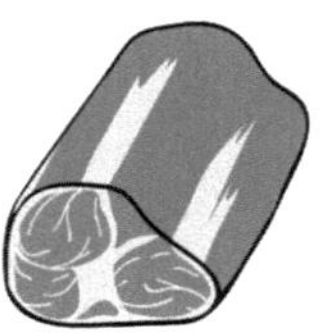

vlees

گوشت

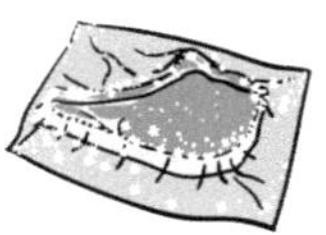

diepvriesvoedsel

فروزن فوڈ

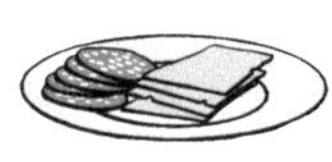

charcuterie

کولڈ گوشت

conserven

ٹن فوڈ

waspoeder

واشگ پوڈر

snoep

مٹھائی

huishoudproducten

کھار دیاں چیزاں

schoonmaakproducten

صفائی الی چیزاں

verkoopster

سیل مین

kassa

ٹل

kassier

کیشئیر

boodschappenlijstje

شاپنگ لسٹ

openingstijden

کھلن دا ویلا

portefeuille

پرس

kredietkaart

کریڈٹ کارڈ

tas

بیگ

plastieken zakje

پلاسٹک بیگ

drankjes

مشروب

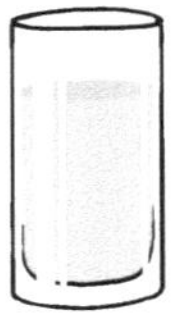

water

پانی

sap

جوس

melk

ددھ

cola

کوک

wijn

شراب

bier

شراب

alcohol

شراب

cacao

کوکا

thee

چا

koffie

کافی

espresso

اسپریسو

cappuccino

کیپچینو

eten

کھانا

banaan

کیلا

appel

سیب

sinaasappel

موسمبی

meloen

تربوز

citroen

نیمبو

wortel

گاجر

knoflook

لہسن

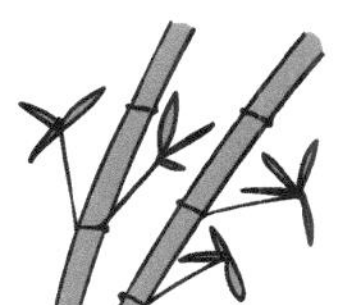

bamboe

بانس

ajuin

پیاز

champignon

کھمبی

noten

میوے

noodles

نوڈلز

spaghetti

....

سپیگیٹی

rijst

....

چاول

salade

....

سلاد

frieten

....

چپس

gebakken aardappelen

....

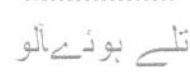

تلے ہوئے آلو

pizza

....

پیزا

hamburger

....

ہیم برگر

sandwich

....

سینڈوچ

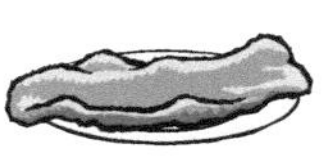

kalfslapje

....

تکے

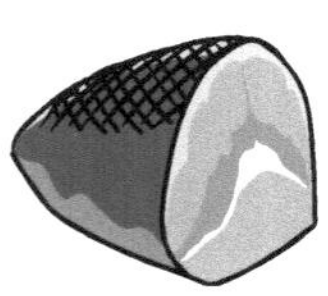

ham

....

ہیم

salami

....

سلامی

worst

....

ساسج

kip

....

مرغی

braden

....

بھنیا ہویا

vis

....

مچھی

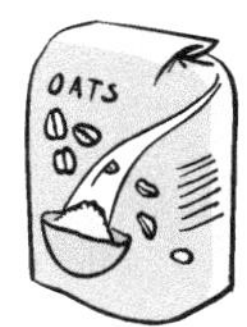

havervlokken

جو نا دلیہ

muesli

مولی

cornflakes

کارن فلیکس

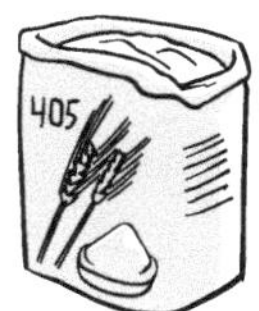

bloem

آٹا

croissant

کرائسنٹ

pistolet

بریڈ رول

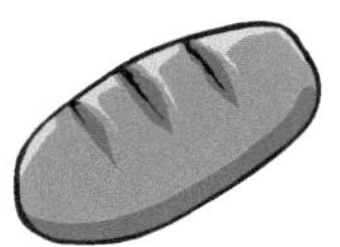

brood

روٹی

toast

ٹوسٹ

koekjes

بسکٹ

boter

مکھن

kwark

دہی

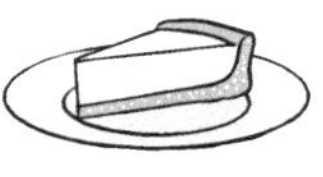

taart

کیک

ei

انڈا

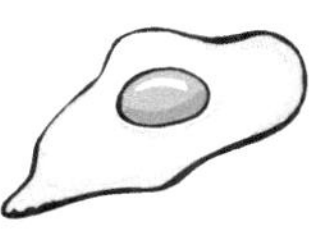

spiegelei

تلیا انڈا

kaas

پنیر

ijs

آئس کریم

suiker

چینی

honing

شہد

confituur

جام

choco

چاکلیٹ سپریڈ

curry

سالن

boerderij

فارم

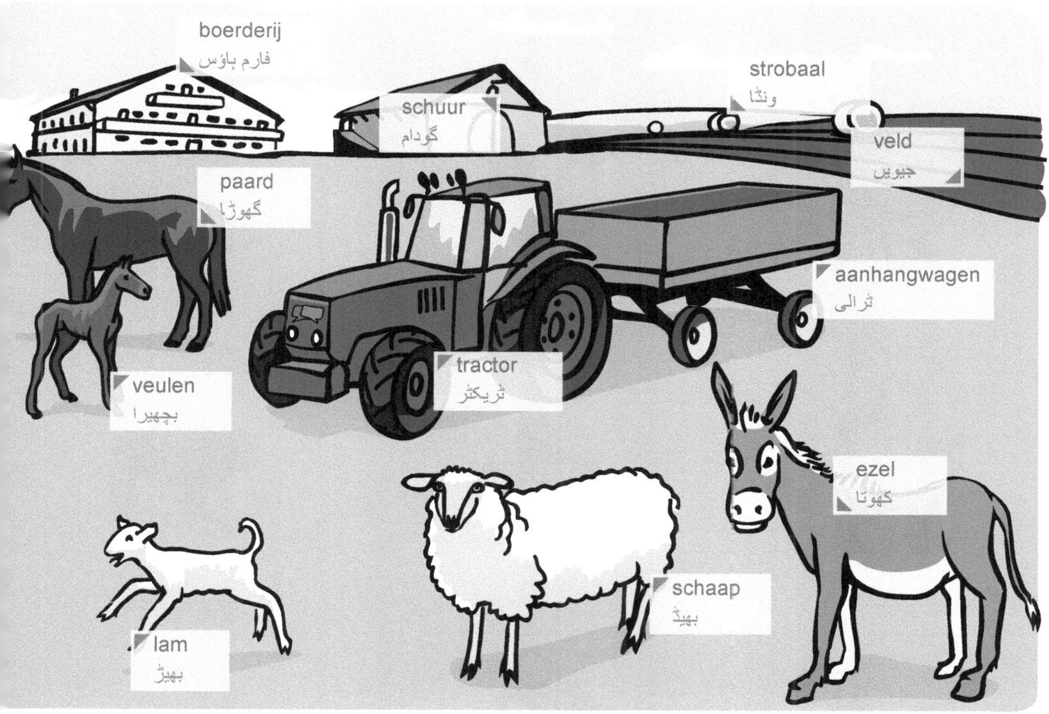

boerderij
فارم ہاؤس

schuur
گودام

strobaal
ونڈا

veld
جیویں

paard
گھوڑا

aanhangwagen
ٹرالی

tractor
ٹریکٹر

veulen
بچھیرا

ezel
کھوتا

schaap
بھیڈ

lam
بھیڑ

geit
....
بکری

koe
....
گاں

kalf
....
بچھڑا

varken
....
سور

biggetje
....
پگ لیٹ

stier
....
بیل

gans

بطخ

eend

بطخ

kuiken

چوزه

kip

مرغی

haan

مرغا

rat

چوہا

kat

بلی

muis

چوہا

os

بیل

hond

کتا

hondenhok

کتے نا کھار

tuinslang

لان نا پائپ

gieter

پانی نا ڈبی

zeis

درانتی

ploeg

ہل

sikkel

درانتی

schoffel

ہو

hooivork

ترنگل

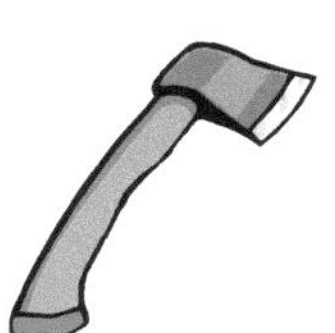

bijl

کوہاڑی

kruiwagen

ریڑھی

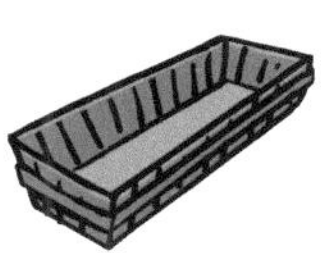

trog

ڈونگا

melkkan

دده نا ڈبہ

zak

بورا

hek

باڑ

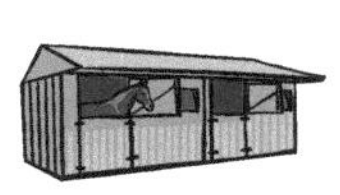

stal

اصطبل

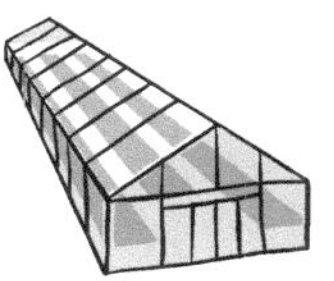

broeikas

گرین ہاؤس

bodem

مٹی

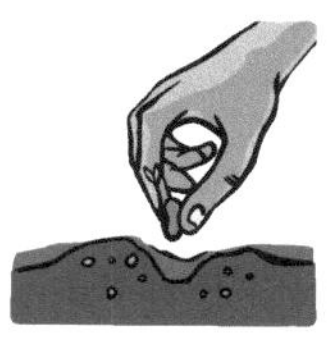

zaad

بیج

mest

کھاد

maaidorser

کمبائن ہارویسٹر

oogsten

....

فصل

oogst

....

فصل

yam

....

یامز

tarwe

....

کنک

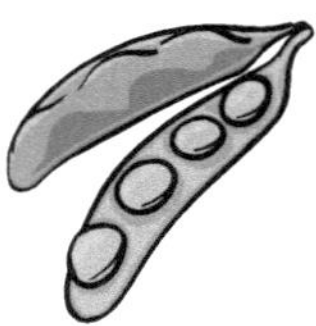

soja

....

سویا

aardappel

....

آلو

maïs

....

مکئی

koolzaad

....

تلی

fruitboom

....

پهلدار درخت

maniok

....

کاساوا

graan

....

اناج

huis

کھار

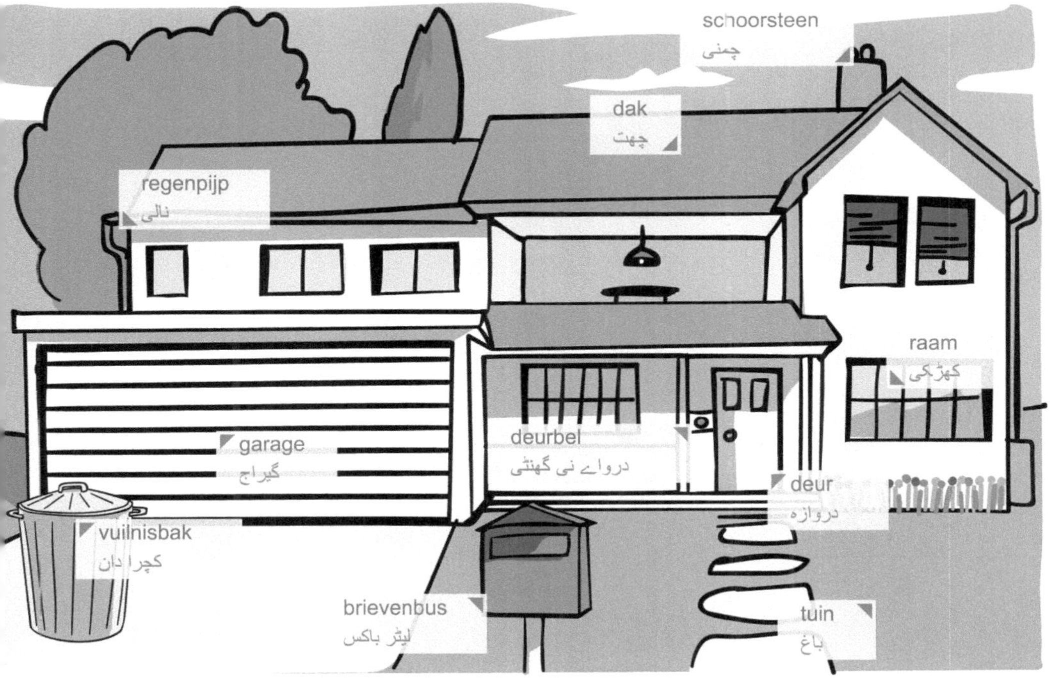

schoorsteen
چمنی

dak
چھت

regenpijp
نالی

raam
کھڑکی

garage
گیراج

deurbel
دروازے نی گھنٹی

deur
دروازہ

vuilnisbak
کچرا دان

brievenbus
لیٹر باکس

tuin
باغ

woonkamer

لونگ روم

badkamer

باتھ روم

keuken

باورچہ خانہ

slaapkamer

بیڈروم

kinderkamer

بچیاں نا کمرہ

eetkamer

ڈائننگ روم

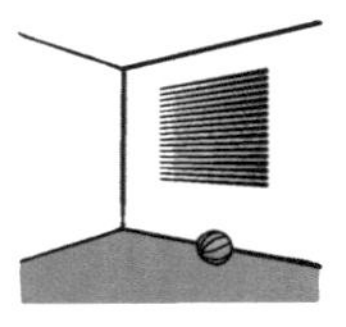

vloer

فرش

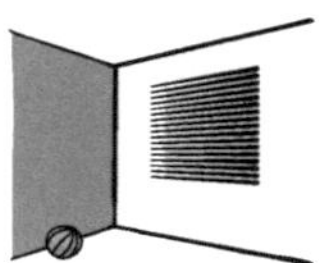

muur

دیوار

plafond

چھت

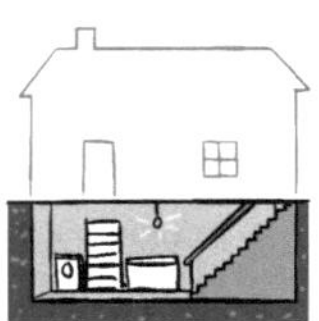

kelder

سلہا

sauna

سوانا

balkon

بالکنی

terras

ٹیرس

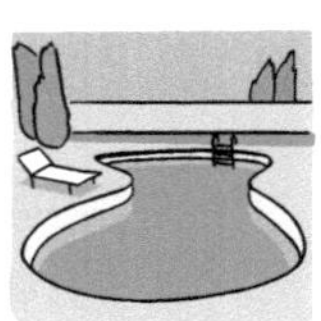

zwembad

پول

grasmaaier

لان موور

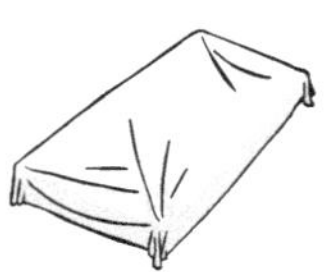

dekbedovertrek

شیٹ

dekbed

بیڈ سپریڈ

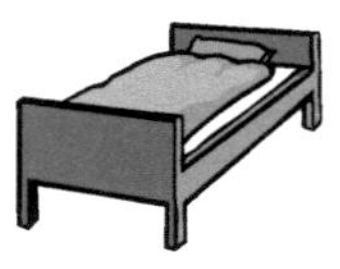

bed

بیڈ

bezem

جھاڑو

emmer

بالٹی

schakelaar

سوئچ

woonkamer
لونگ روم

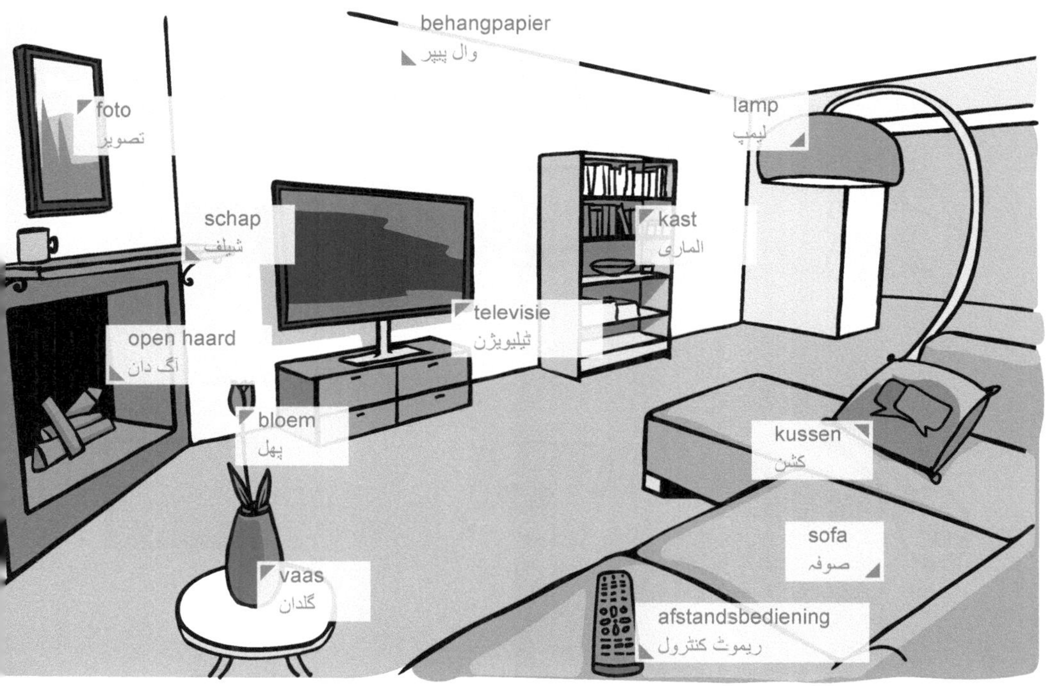

behangpapier
وال پیپر

foto
تصویر

lamp
لیمپ

schap
شیلف

kast
الماری

televisie
ٹیلیویژن

open haard
آگ دان

bloem
پھل

kussen
کشن

sofa
صوفہ

vaas
گلدان

afstandsbediening
ریموٹ کنٹرول

mat
....
قالین

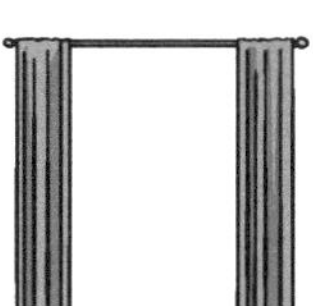

gordijn
....
پردے

tafel
....
میز

stoel
....
کرسی

schommelstoel
....
راکنگ چئیر

fauteuil
....
آرم چئیر

boek

کتاب

deken

کمبل

decoratie

ڈیکوریشن

brandhout

کولے

film

فلم

stereo-installatie

ہائی فائی آلات

sleutel

چابی

krant

اخبار

schilderij

پینٹنگ

poster

پوسٹر

radio

ریڈیو

notitieboekje

نوٹ پیڈ

stofzuiger

ہوور

cactus

کیکٹس

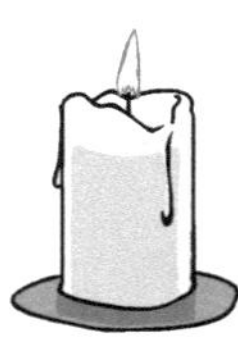

kaars

موم بتی

keuken
باورچہ خانہ

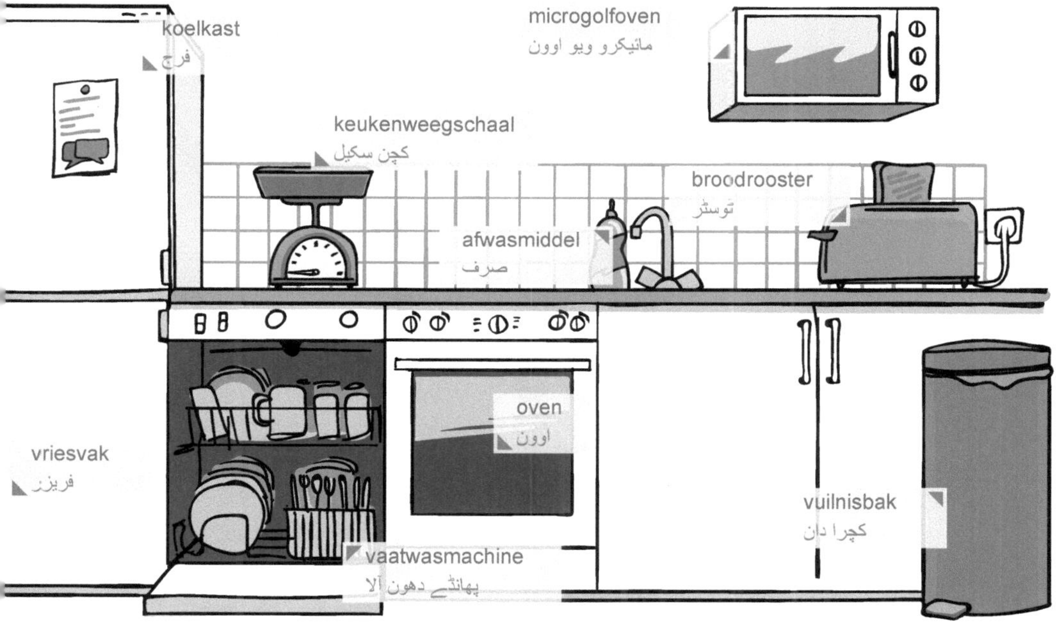

koelkast
فرج

microgolfoven
مائیکرو ویو اوون

keukenweegschaal
کچن سکیل

broodrooster
ٹوسٹر

afwasmiddel
صرف

oven
اوون

vriesvak
فریزر

vuilnisbak
کچرا دان

vaatwasmachine
پھانڈے دھون آلا

fornuis
ککر

pot
پاٹ

gietijzeren pot
کاسٹ آئرن پاٹ

wok / kadai
ووک / کدائی

pan
پین

waterkoker
کیتلی

stoomkoker

سٹیمر

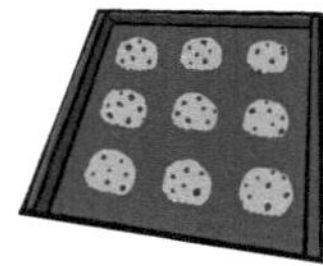

bakplaat

بیکنگ ٹرے

servies

پھانڈے

mok

مگا

kom

پیالہ

eetstokjes

چوپ سٹکس

pollepel

کرچھل

spatel

اسپالی

garde

پھینٹن آلا

vergiet

چھننا

zeef

چھننی

rasp

جھاواں

mortier

کھان پکان آلا چمچہ

barbecue

باربی کیو

haardvuur

چولھا

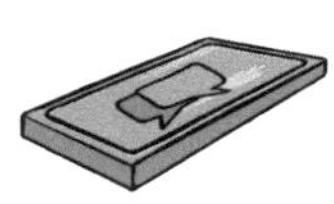

snijplank

کٹنگ بورڈ

deegrol

رولنگ پن

kurkentrekker

کارک سکرو

blik

کین

blikopener

کین کھولن آلا

pannenlap

پاٹ پگڑن آلا

gootsteen

سنک

borstel

برش

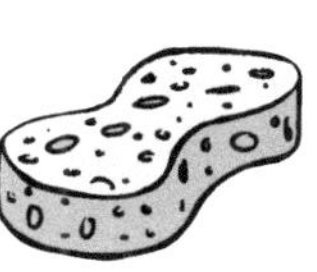

spons

سپنج

blender

بلینڈر

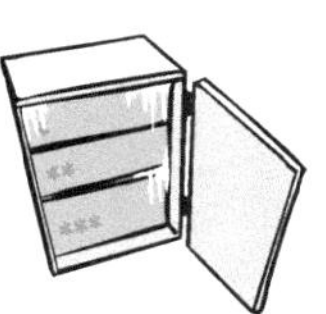

vriezer

ڈیپ فریزر

papfles

بچے نی بوتل

kraan

ٹوٹی

badkamer

باته روم

verwarming
ہیٹنگ

handdoek
تولیہ

douche
شاور

douchegordijn
شاور کرٹن

bubbelbad
ببل باتھ

badkuip
نہان آلا ٹب

wasmachine
واشنگ مشین

tegels
ٹائل

glas
گلاس

kraan
ٹوٹی

kinderpo
پاخانہ

gootsteen
سنک

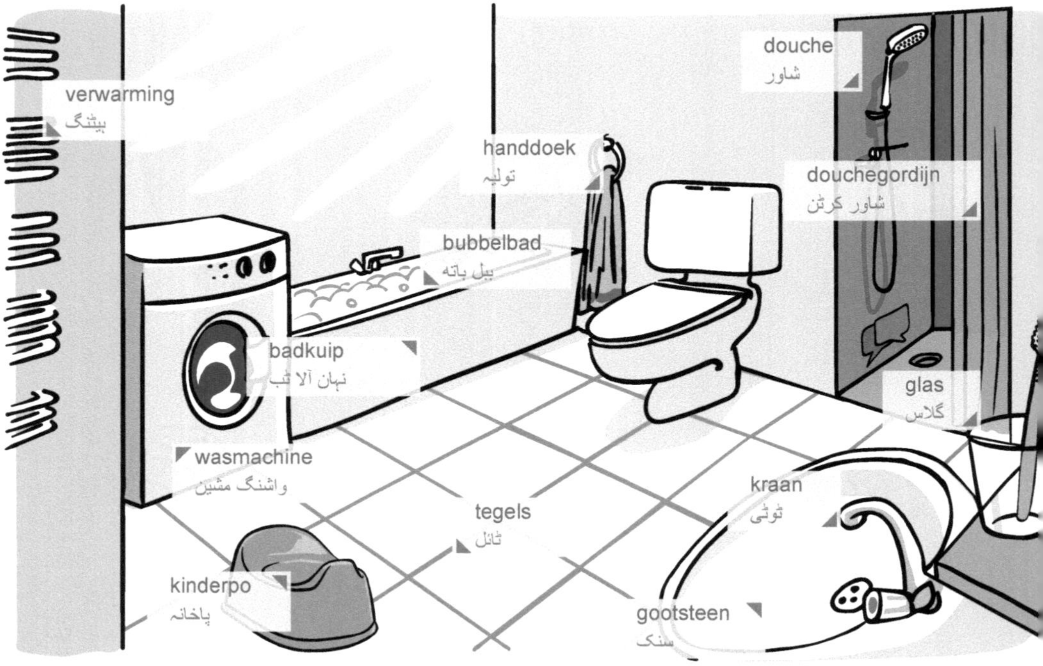

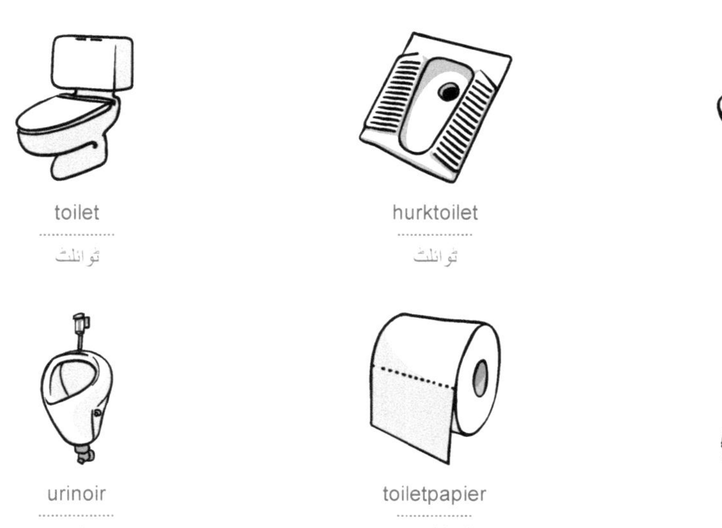

toilet
ٹوائلٹ

hurktoilet
ٹوائلٹ

bidet
بڈٹ

urinoir
پیشاب

toiletpapier
ٹوائلٹ پیپر

toiletborstel
ٹوائلٹ برش

tandenborstel
....

ٹوتھ برش

tandpasta
....
ٹوتھ پیسٹ

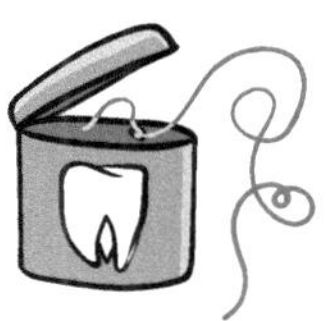

flosdraad
....
ڈینٹل فلاس

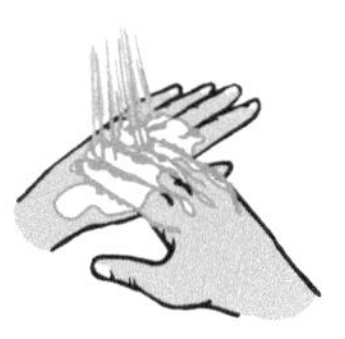

wassen
....
دھونا

handdouche
....
ہتھ وچ پھڑن آلا شاور

bidethanddouche
....
شاور

waskom
....
بیسن

rugborstel
....
بیک برش

zeep
....
صابن

douchegel
....
شاور جیل

shampoo
....
شیمپو

washandje
....
فلالین

afvoer
....
نالی

crème
....
کریم

deodorant
....
ڈیوڈرنٹ

spiegel

آئینہ

handspiegel

ہتھ آلا شیشہ

scheermes

استرا

scheerschuim

شیونگ فوم

aftershave

آفٹر شیو

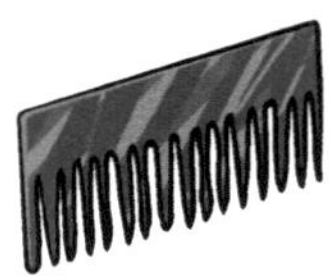

kam

کنگھا

borstel

برش

haardroger

ہئیر ڈرائر

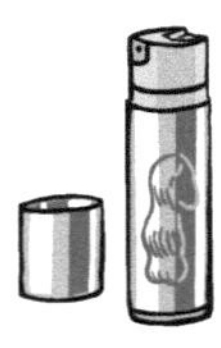

haarlak

ہئیر سپرے

make-up

میک اپ

lippenstift

لپ سٹک

nagellak

ناخن نی وارنش

watten

کاٹن وول

nagelknipper

ناخن کٹر

parfum

پرفیوم

toilettas

....

واش بیگ

kruk

....

پاخانہ

weegschaal

....

وزن دا پیمانہ

badjas

....

باتھ نی الماری

latex handschoenen

....

ربر نے دستانہ

tampon

....

بفر

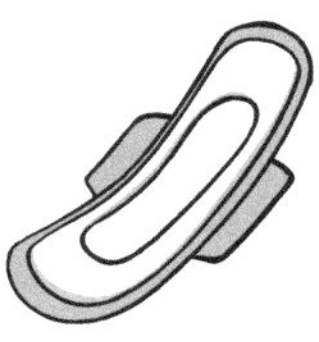

maandverband

....

تولیہ سٹینڈ

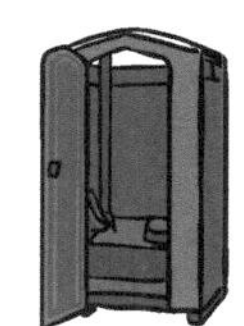

chemisch toilet

....

کیمیکل ٹوائلٹ

kinderkamer

بچیاں نا کمرہ

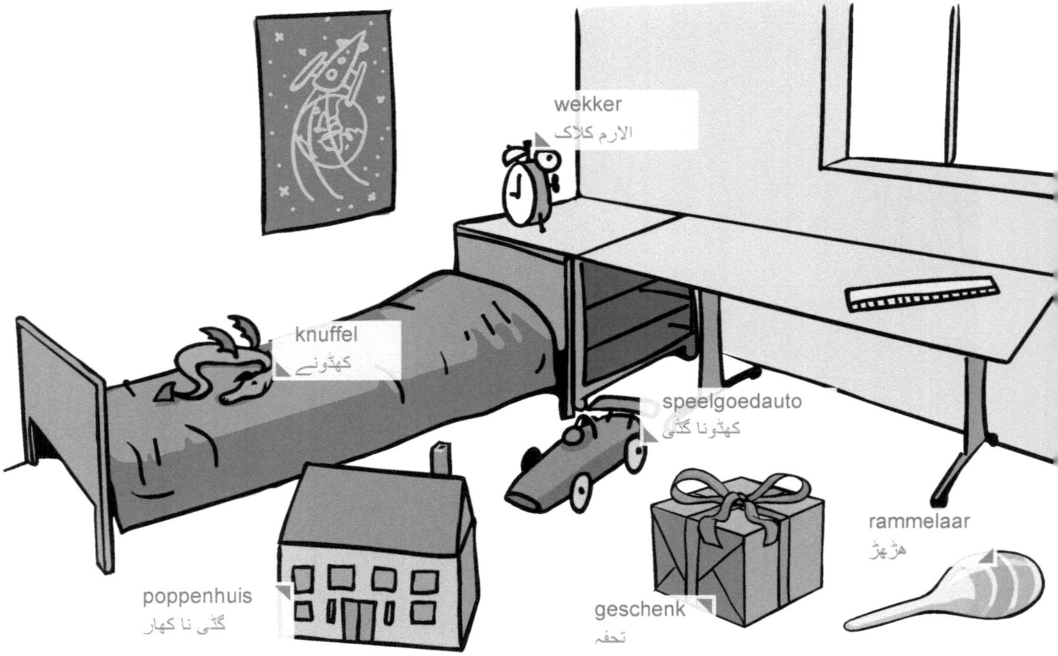

wekker
الارم کلاک

knuffel
کھڈونے

speelgoedauto
کھڈونا گڈی

rammelaar
ھڑھڑ

poppenhuis
گڈی نا کھار

geschenk
تحفہ

ballon
پھکانا

bed
بیڈ

kinderwagen
پرام

spel kaarten
تاش نے پتے

puzzel
جگ سا

stripboek
کامک

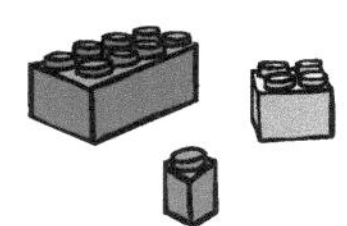

legoblokjes

....

لیگو برکس

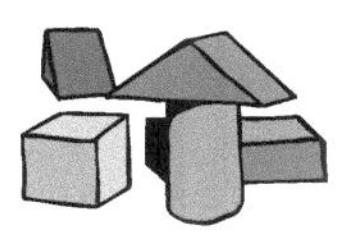

blokken

....

بلڈنگ بلاکس

actiefiguur

....

کھڈونا

kruippakje

....

بےبی گرو

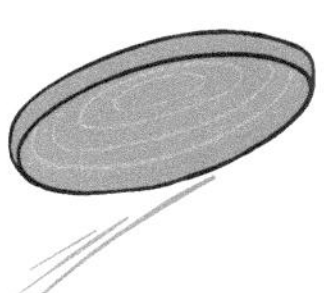

frisbee

....

فرزوی

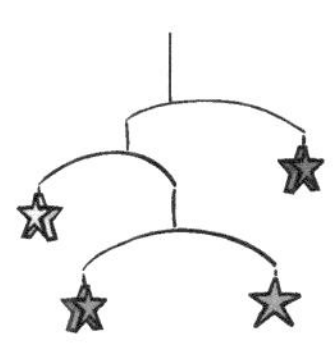

mobiel

....

موبائل

bordspel

....

بورڈ گیم

dobbelsteen

....

ڈائس

modelspoorweg

....

ماڈل ٹرن سیٹ

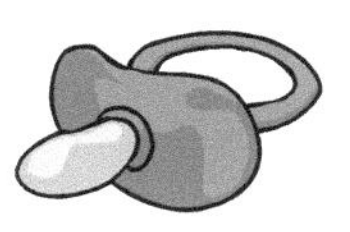

fopspeen

....

ڈمی

feest

....

پارٹی

prentenboek

....

تصویری کتاب

bal

....

گیند

pop

....

گڈی

spelen

....

کھیڈنا

zandbak

سینڈ پٹ

schommel

جھولا

speelgoed

کھڈونے

spelconsole

ویڈیو گیم کنسول

driewieler

ٹرائی سائیکل

knuffelbeer

ٹیڈی بئیر

kleerkast

الماری

kleding

کپڑے

sokken

جراباں

kousen

جراباں

maillot

ٹائٹس

sjaal
سکارف
paraplu
چھتری
riem
بیلٹ
T-shirt
ٹی شرٹ
laarzen
بوٹ
slippers
سلیپر
sneakers
جوگر
sandalen
سینڈل
schoenen
جوتی
rubberlaarzen
ربر نے جوتی
onderbroek
انڈر وئیر
beha
برا
onderhemd
بنیان

lichaam

جسم

broek

پاجامہ

jeans

جینز

rok

سکرٹ

blouse

برا

hemd

قمیض

trui

سونیٹر

capuchontrui

ہوڈی

blazer

کوٹ

jas

جیکٹ

jas

کوٹ

regenjas

برساتی

kostuum

کاسٹیوم

jurk

کپڑے

trouwjurk

شادی نا جوڑا

pak

سوٹ

nachthemd

راتے نے کپڑے

pyjama

پاجامہ

sari

ساڑھی

hoofddoek

سکارف

tulband

پگڑی

boerka

برقعہ

kaftan

کفتان

abaya

برقعہ

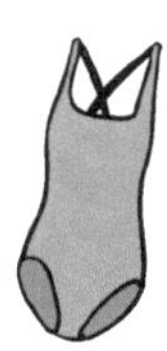

badpak

نہان والے کپڑے

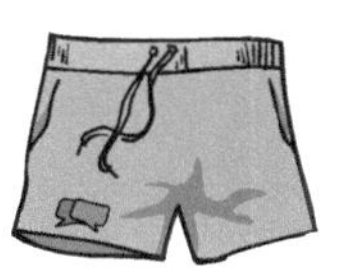

zwembroek

انڈروئیر

short

نیکر

trainingspak

ٹریک سوٹ

schort

دھوتی

handschoenen

دستانے

knoop

بٹن

bril

چشمہ

armband

بریسلیٹ

ketting

ہار

ring

انگوٹھی

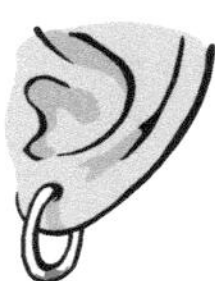

oorbel

کنڈے

pet

ٹوپی

kapstok

کوٹ ہینگر

hoed

ٹوپی

das

ٹائی

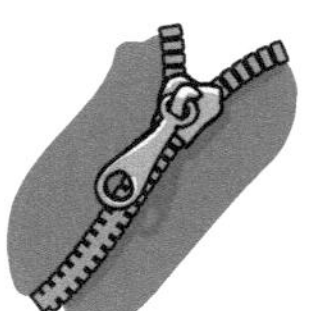

rits

زپ

helm

ہیلمٹ

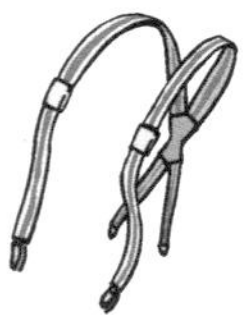

bretellen

بریسز

schooluniform

سکول نی وردی

uniform

وردی

slabbetje

بب

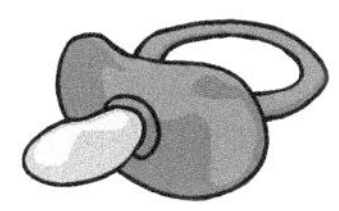

fopspeen

ڈمی

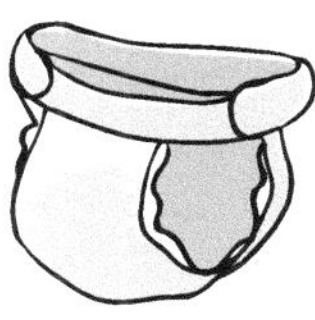

luier

ناپی

kantoor

دفتر

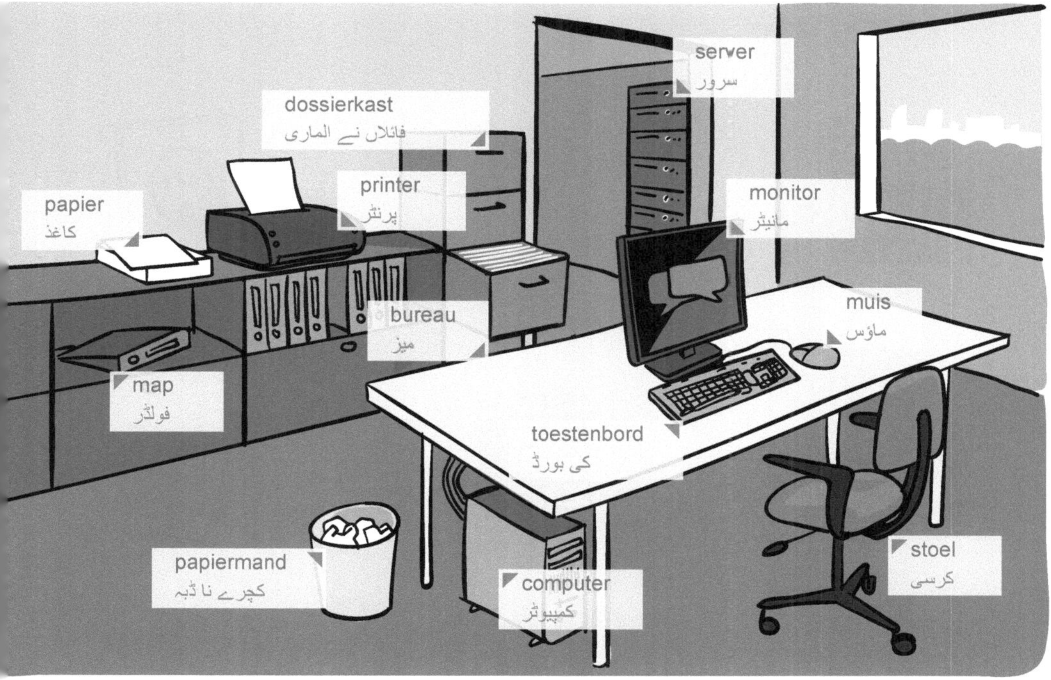

server
سرور

dossierkast
فائلاں نے الماری

printer
پرنٹر

papier
کاغذ

monitor
مانیٹر

muis
ماؤس

bureau
میز

map
فولڈر

toestenbord
کی بورڈ

papiermand
کچرے نا ڈبہ

computer
کمپیوٹر

stoel
کرسی

koffiemok

کافی مگ

rekenmachine

کیلکولیٹر

internet

انٹرنیٹ

laptop

لیپ ٹاپ

brief

خط

bericht

پیغام

gsm

موبائل

netwerk

نیٹ ورک

kopieerapparaat

فوٹو کاپئیر

software

سافٹ وئیر

telefoon

ٹیلیفون

stopcontact

پلگ ساکٹ

fax

فکس مشین

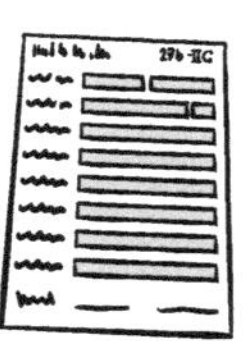

formulier

فارم

document

دستاویزات

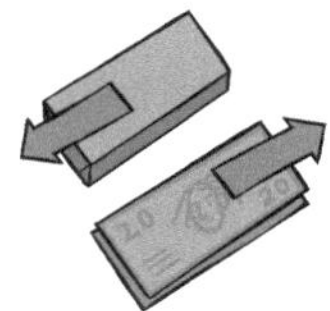

kopen

خریدنا

betalen

ادا کرنا

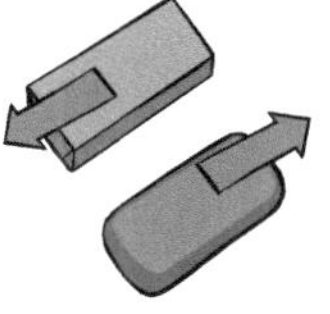

handelen

تجارت

geld

پیسہ

dollar

ڈالر

EUR

euro

یورو

yen

ین

roebel

ربل

Zwitserse frank

سویس فرانک

CNY

Chinese renminbi

رینمینبی یوان

INR

roepie

روپیہ

geldautomaat

کیش پوائنٹ

wisselkantoor

....

ایکسچینج دفتر

goud

....

سونا

zilver

....

چاندی

olie

....

تیل

energie

....

توانائی

prijs

....

قیمت

contract

....

معاہدہ

belasting

....

ٹیکس

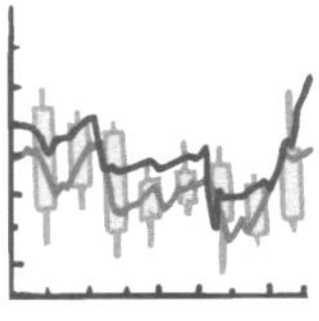

aandeel

....

سٹاک

werken

....

کم

werknemer

....

ملازم

werkgever

....

آجر

fabriek

....

فیکٹری

winkel

....

ہٹی

beroepen

پیشہ

politieagent
پلس افسر

brandweerman
اگ بجھان آلا

kok
کک

dokter
ڈاکٹر

piloot
پائلٹ

tuinman

مالی

timmerman

برھئی

naaister

درزن

rechter

جج

chemicus

کیمسٹ

acteur

ایکٹر

buschauffeur

بس ڈرائیور

taxichauffeur

ٹیکسی ڈرائیور

visser

مچھیرا

schoonmaakster

صفائی آلی جنانی

dakdekker

روفر

ober

ویٹر

jager

شکاری

schilder

پینٹر

bakker

بیکری آلا

elektricien

الیکٹریشن

bouwvakker

تعمیرات آلا

ingenieur

انجینئیر

slager

قصائی

loodgieter

پلمبر

postbode

پوسٹ مین

soldaat

سپاہی

architect

آرکیٹیکٹ

kassier

کیشئیر

bloemist

پھلاں آلا

kapper

نائی

conducteur

کنڈکٹر

mecanicien

مکینک

kapitein

کپتان

tandarts

دندان ساز

wetenschapper

سائنس دان

rabbijn

ربانی

imam

امام

monnik

راہب

geestelijke

انگریز

werktuigen
ٹولز

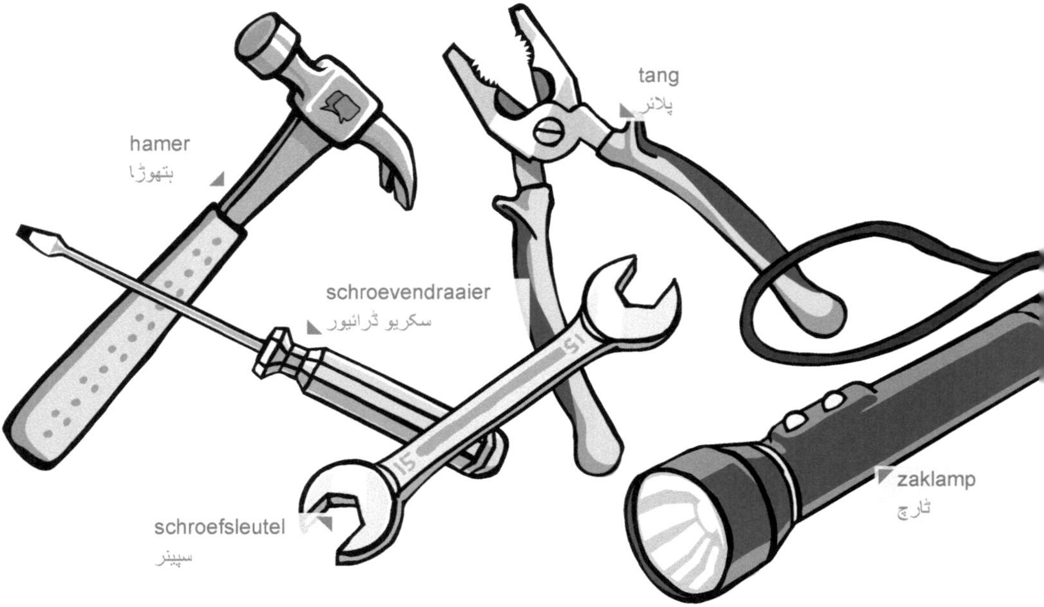

hamer
ہتھوڑا

tang
پلائر

schroevendraaier
سکریو ڈرائیور

schroefsleutel
سپینر

zaklamp
ٹارچ

graafmachine
پھاوڑا

gereedschapskoffer
ٹول باکس

ladder
سیڑھی

zaag
آری

spijkers
کیل

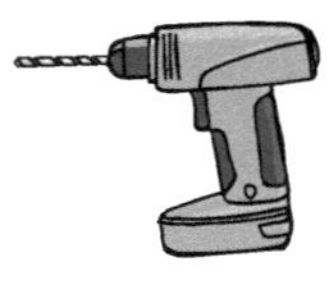

boormachine
ڈرل

repareren
مرمت

schop
شاول

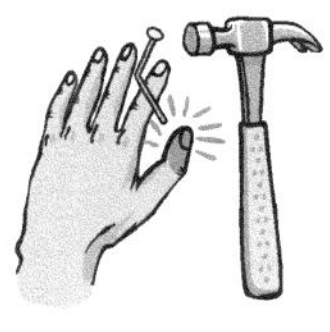

Verdomme!
لعنت!

blik
ڈسٹ پین

verfpot
پینٹ پاٹ

schroeven
سکریوز

muziekinstrumenten
موسیقی نے آلات

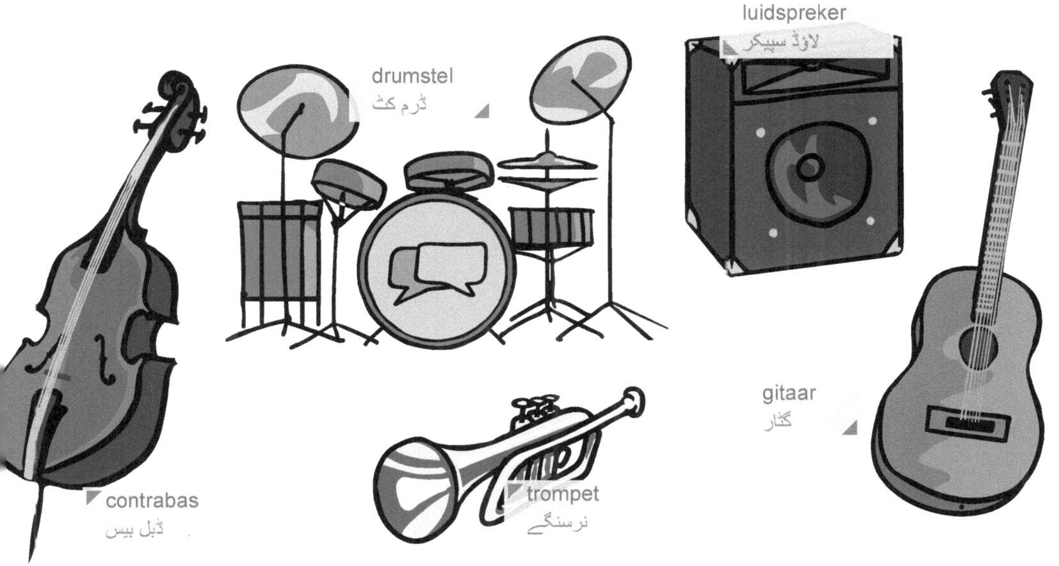

luidspreker
لاؤڈ سپیکر

drumstel
ڈرم کٹ

gitaar
گٹار

contrabas
ڈبل بیس

trompet
نرسنگے

piano

پیانو

viool

وائلن

basgitaar

بیس

pauk

ٹمپانی

trommels

ڈرمز

keyboard

کی بورڈ

saxofoon

سیگزو فون

fluit

بانسری

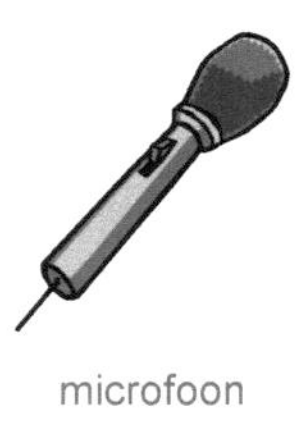

microfoon

مائکروفون

ZOO

چڑیا گھر

tijger
چیتا

kooi
پنجرہ

zebra
زیبرا

diereneten
جانوراں دا کھانا

ingang
داخلہ

panda
پانڈا

dieren

جانور

olifant

ہاتھی

kangoeroe

کینگرو

neushoorn

گینڈا

gorilla

گوریلا

beer

ریچھ

kameel

اونٹ

struisvogel

شترمرغ

leeuw

شیر

aap

باندر

flamingo

فلیمنگو

papegaai

طوطا

ijsbeer

برفانی ریچھ

pinguïn

پینگوئین

haai

شارک

pauw

مور

slang

سپ

krokodil

مگرمچھ

dierenverzorger

چڑیا گھر دا رکھوالا

zeehond

سیل

jaguar

جیگوار

pony

....

پونی

luipaard

....

لیپرڈ

nijlpaard

....

بپو

giraffe

....

زرافہ

adelaar

....

چیل

wild zwijn

....

نر سور

vis

....

مچھی

zeeschildpad

....

کیچھوا

walrus

....

والرس

vos

....

لومبڑ

gazelle

....

گیزل

sporten
کھیڈنا

lachen
ہنسنا
pringen
چھال مار
knuffelen
چھپی پانا
wandelen
چلنا
zingen
گانا گانا
dromen
خواب
bidden
دعا
kussen
بوسہ
schrijven
لکھنا
tekenen
لیک لانا
tonen
وکھانا
duwen
دھکا
geven
دینا
nemen
لینا

hebben

ہے وے

doen

کرنا

zijn

ہو

staan

کھلونا

lopen

دوڑنا

trekken

چیھکنا

gooien

سٹنا

vallen

ٹھینا

liggen

جھوٹ

wachten

انتظار

dragen

چکنا

zitten

بیھنا

aankleden

کپڑے پانا

slapen

سونا

ontwaken

جاگنا

kijken naar
ویکھنا

wenen
رونا/چلانا

aaien
سٹروک

kammen
کنگھا

praten
گل کرنا

begrijpen
سمجھنا

vragen
پوچھنا/دسنا

luisteren
سننا

drinken
پینا

eten
کھانا

opruimen
تیار ہونا

houden van
محبت

koken
پکانا

rijden
گڈی چلانا

vliegen
اڈنا

zeilen

سمندری سفر

rekenen

کیلکولیٹ

Lezen

پڑھنا

leren

سیکھنا

werken

کم

trouwen

شادی

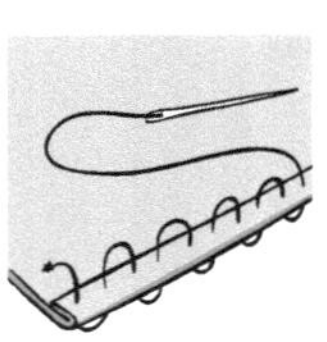

naaien

سیونا

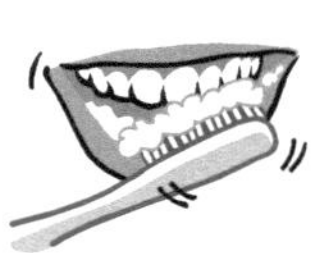

tandenpoetsen

دند صاف

doden

قتل

roken

دھواں

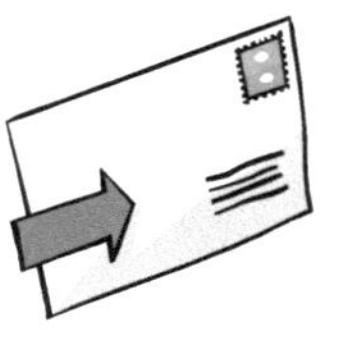

sturen

بھیجنا

familie

کنبہ

grootmoeder
دادی

grootvader
دادا

vader
پیو

moeder
ماں

baby
بچہ

dochter
دھی

zoon
پتر

gast

مہمان

tante

ماسی / پھو

oom

چاچا/ماما

broer

بھرا

zus

بہن

lichaam

جسم

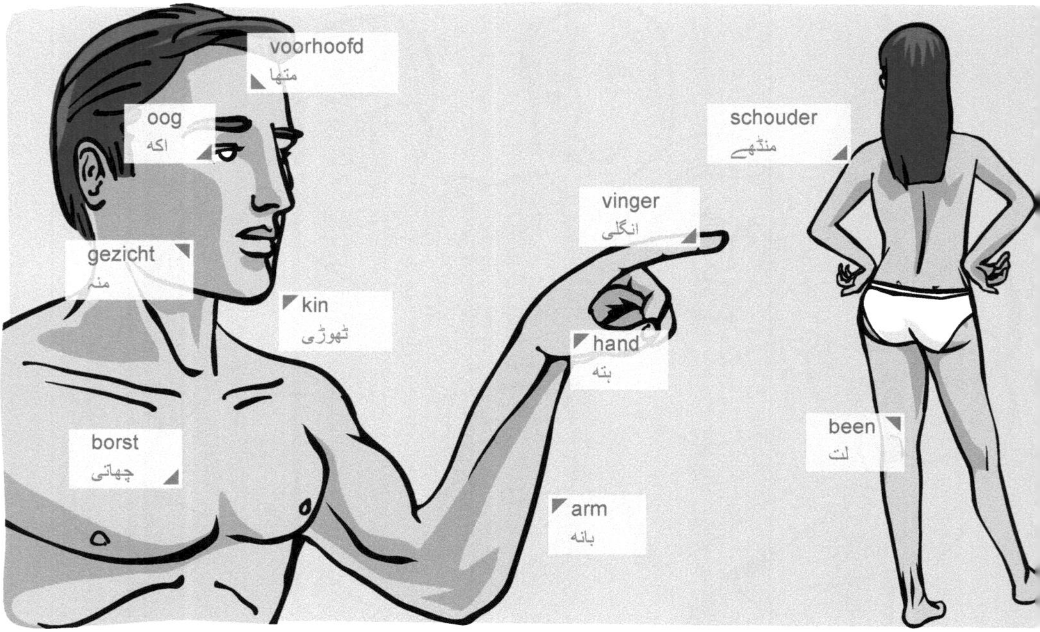

voorhoofd
متها

oog
اکه

gezicht
منہ

kin
ٹهوڑی

borst
چهاتی

vinger
انگلی

hand
ہته

arm
بانه

schouder
منڈهے

been
لت

baby

بچہ

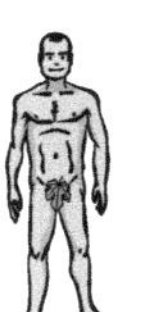

man

بندہ

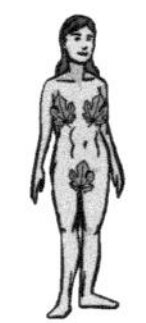

vrouw

جنانی

meisje

کڑی

jongen

مڑا

hoofd

سر

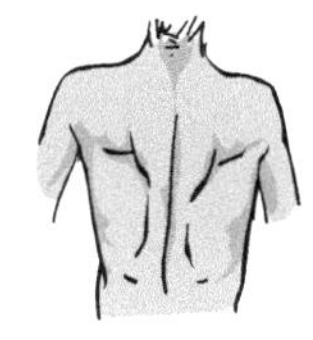

rug

کمر

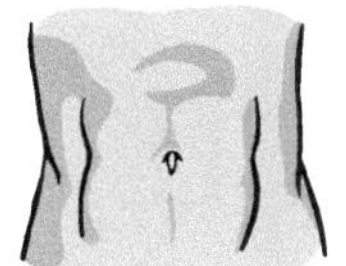

buik

ٹِڈھ

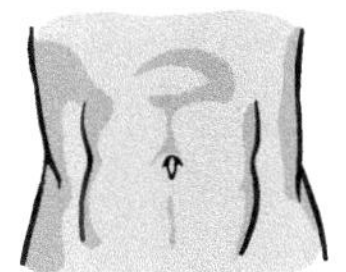

navel

تہنی

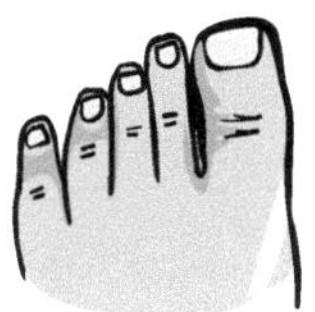

teen

پنجہ

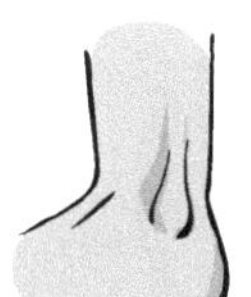

hiel

اڈی

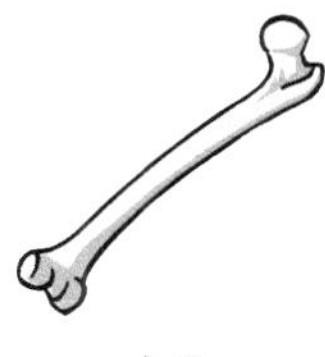

bot

ہڈّہ

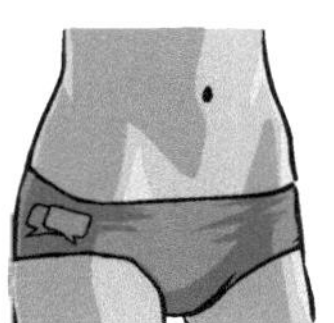

heup

کولہے

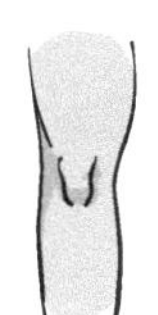

knie

گوڈے

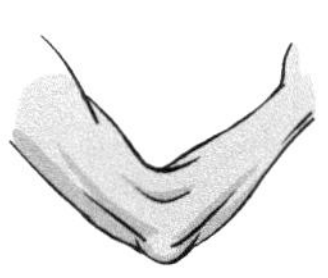

elleboog

کہنی

neus

نک

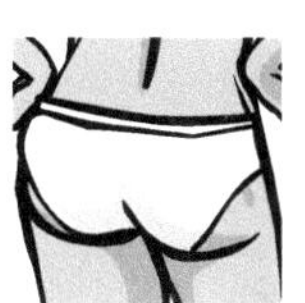

zitvlak

زیر جامہ

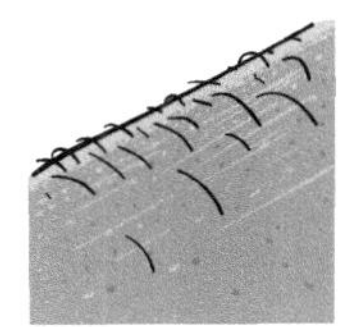

huid

کھل

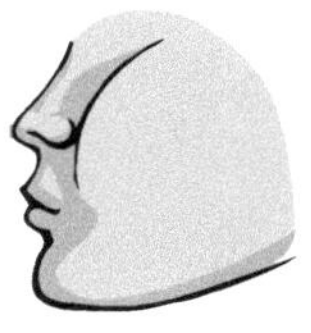

wang

گلاں

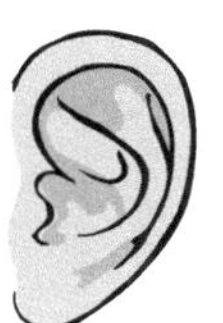

oor

کن

lip

بل

mond

منہ

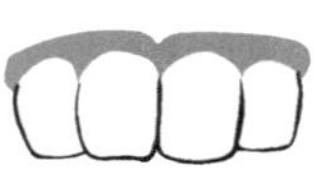

tand

دند

tong

زبان

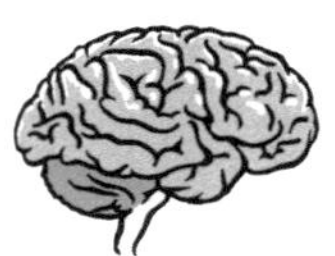

hersenen

دماغ

hart

دل

spier

پٹھے

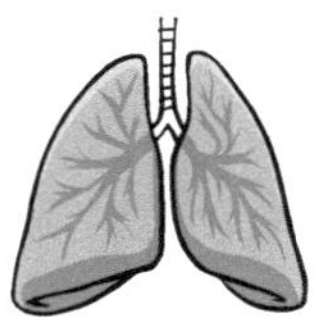

long

پھیپڑے

lever

جگر

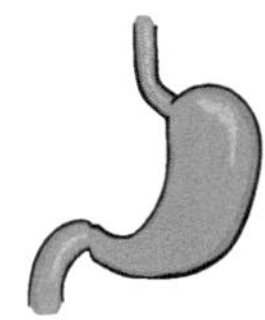

maag

ٹھڈ

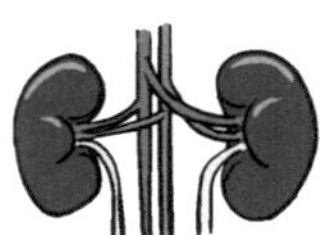

nieren

گردے

seks

جنس

condoom

کنڈم

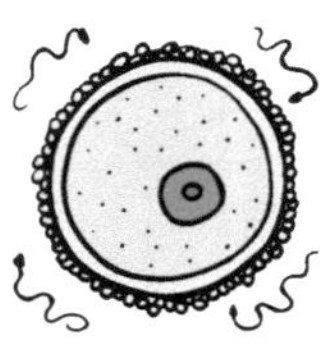

eicel

انڈے

sperma

منی

zwangerschap

حمل

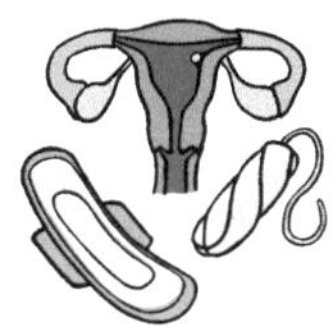

menstruatie
....
حیض

vagina
....
اندام نهانی

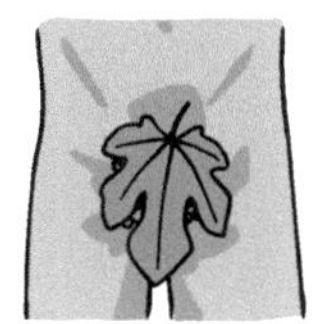

penis
....
عضو تناسل

wenkbrauw
....
بهون

haar
....
بال

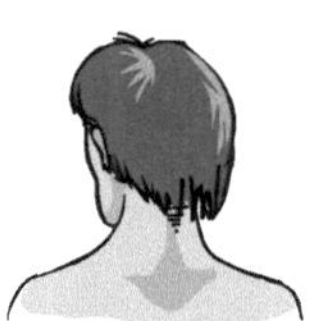

nek
....
گردن

ziekenhuis

ہسپتال

ziekenhuis
ہسپتال

ambulance
ایمبولنس

rolstoel
وھیل چئیر

breuk
فریکچر

dokter

ڈاکٹر

spoed

ہنگامی کمرہ

verpleegkundige

نرس

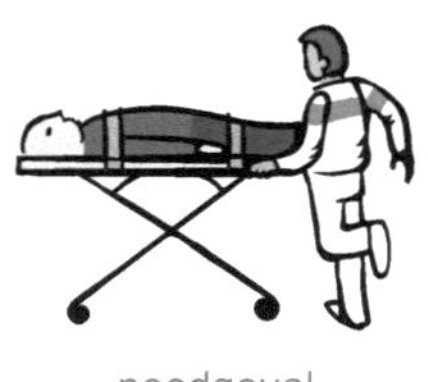

noodgeval

ایمرجنسی

bewusteloos

بے ہوش

pijn

درد

verwonding
سٹ

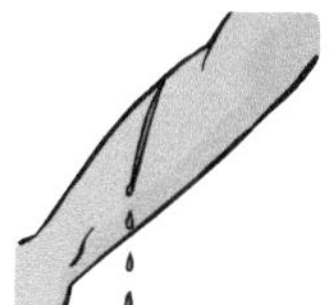

bloeding
خون نکلنا

hartaanval
دل نا دورہ

beroerte
فالج

allergie
الرجی

hoest
کھنگ

koorts
تپ

griep
نزلہ

diarree
اسہال

hoofdpijn
سر درد

kanker
کینسر

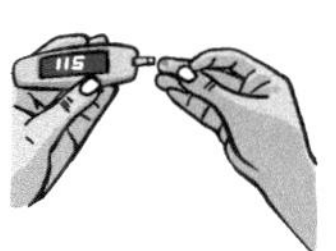

diabetes
شوگر (ذیابطس)

chirurg
سرجن

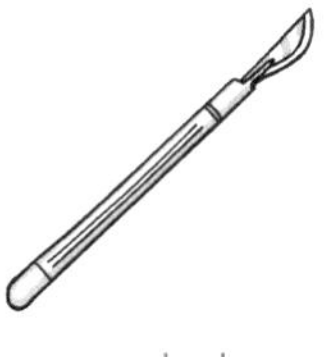

scalpel
سکیلپیل

operatie
آپریشن

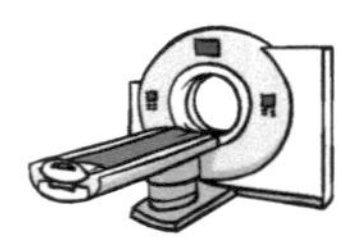

CT

سی ٹی

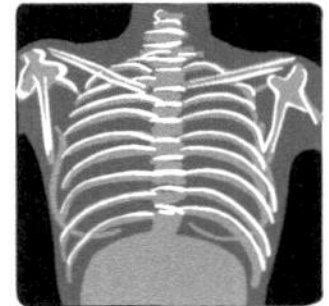

röntgenstraal

ایکسرے

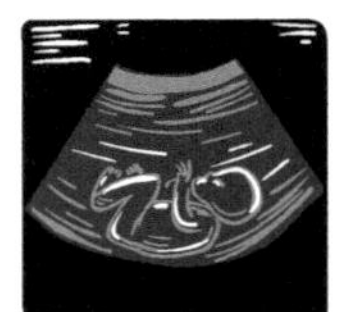

ultrageluid

الٹرا ساؤنڈ

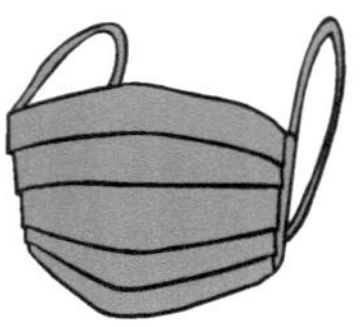

gezichtsmasker

چہرہ نا ماسک

ziekte

بماری

wachtkamer

انتظار گاہ

kruk

بیساکھی

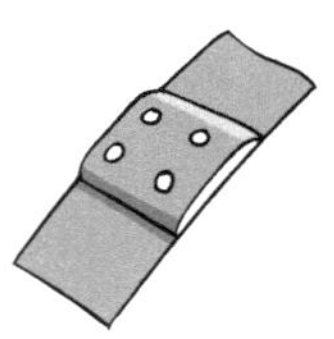

pleister

پلستر

verband

پٹی

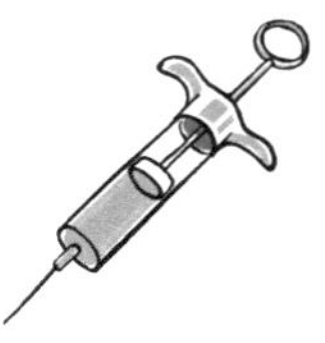

injectie

ٹیکہ

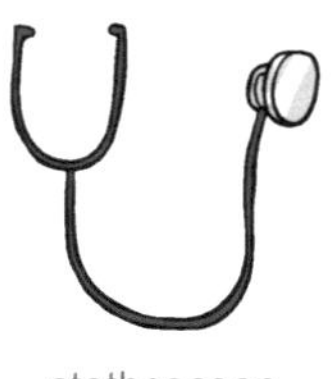

stethoscoop

سٹیتھوسکوپ

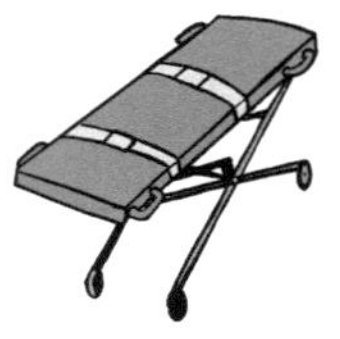

brancard

اسٹریچر

thermometer

کلینکل تھرمومیٹر

geboorte

پیدائش

overgewicht

زائدالوزن

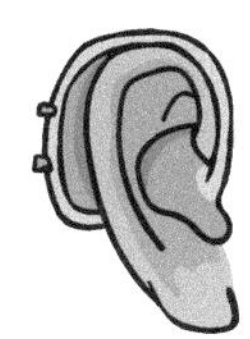

hoorapparaat

سنن لئی آلہ

ontsmettingsmiddel

جراثیم کش

infectie

متعدی مرض

virus

وائرس

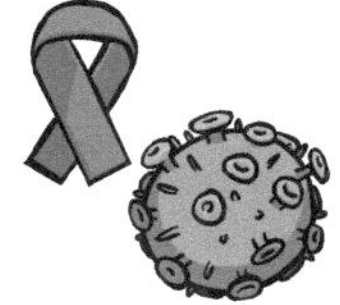

HIV / AIDS

HIV/AIDS

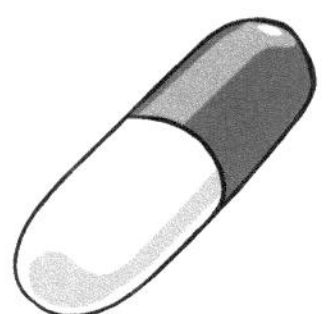

medicijn

دوائی

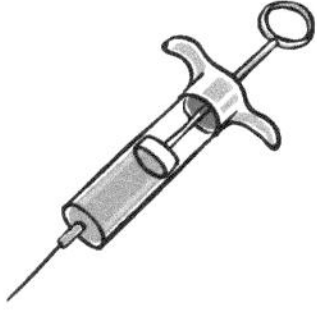

vaccinatie

ویکسینیشن

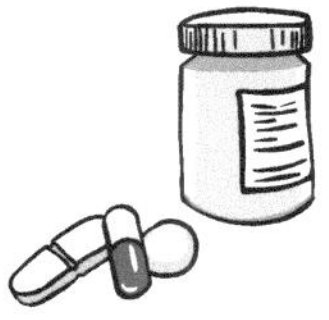

tabletten

گولیاں

pil

گولی

noodoproep

ہنگامی کال

bloeddrukmeter

بلڈ پریشر مانیٹر

ziek / gezond

بیمار / صحتمند

noodgeval

ایمرجنسی

Help!

مدد!

alarm

الارم

overval

حملہ

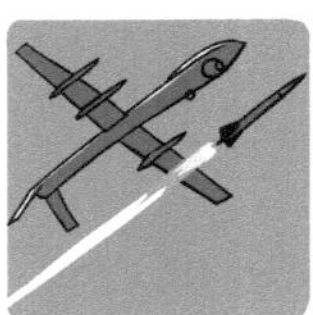

aanval

حملہ

gevaar

خطرہ

nooduitgang

ہنگامی اخراج

Brand!

اگ!

brandblusser

اگ بجاھن والا آلہ

ongeval

حادثہ

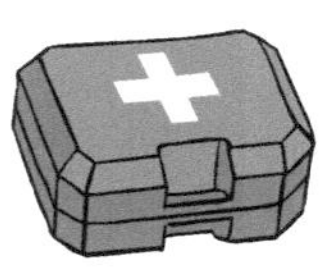

EHBO-kit

فرسٹ ایڈ کٹ

SOS

SOS

politie

پلس

aarde

زمین

Europa

یورپ

Noord-Amerika

شمالی امریکہ

Zuid-Amerika

جنوبی امریکہ

Afrika

افریقہ

Azië

ایشیاء

Australië

آسٹریلیا

Atlantische Oceaan

اٹلانٹک

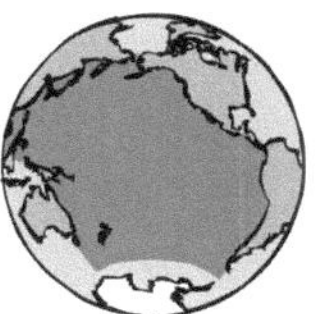

Stille Oceaan

پیسیفک

Indische Oceaan

بحیرہ ہند

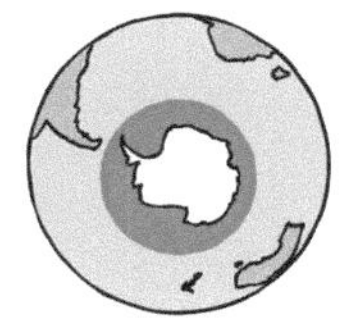

Antarctische Oceaan

بهیره انٹارکٹک

Arctische Oceaan

بهیره آرکٹیک

Noordpool

قطب شمالی

Zuidpool

قطب جنوبی

Antarctica

انٹارکٹیکا

aarde

زمین

land

خشکی

zee

سمندر

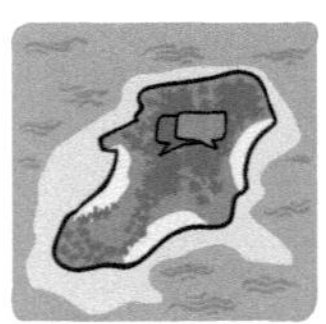

eiland

جزیرہ

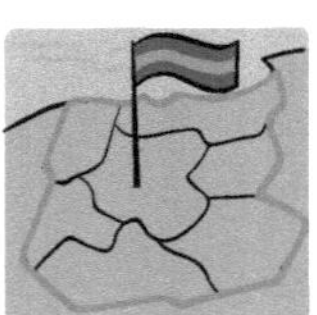

natie

قوم

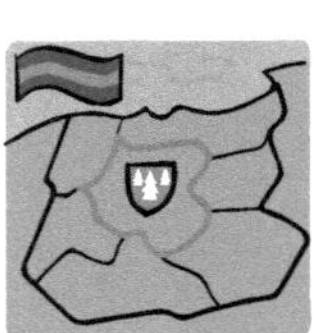

staat

ریاست

klok
گھڑی

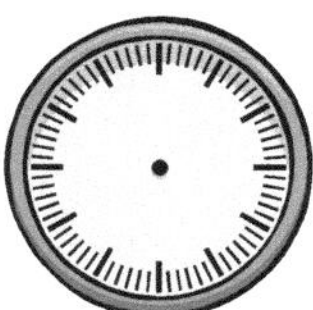

wijzerplaat

کلاک فیس

uurwijzer

نکی سوئی

minuutwijzer

وڈی سوئی

secondewijzer

سیکنڈ ہینڈ

Hoe laat is het?

کی ٹائم ہویا اے؟

dag

دن

tijd

وقت

nu

ہون

digitale horloge

ڈیجیٹل گھڑی

minuut

منٹ

uur

گھنٹہ

week

ہفتہ

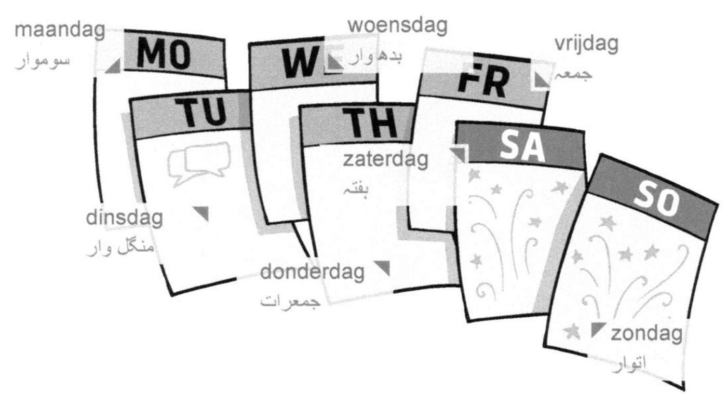

gisteren

کل

vandaag

اج

morgen

کل

ochtend

سویر

middag

دوپہر

avond

شام

werkdagen

کاروباری دن

weekend

ویک اینڈ

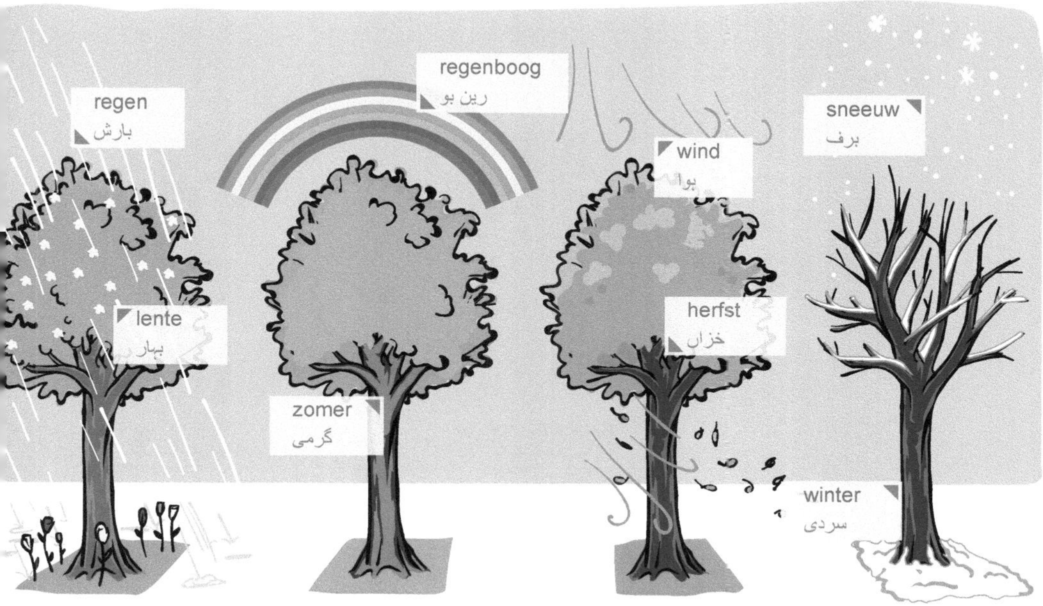

jaar

سال

regen
بارش

regenboog
رین بو

wind
ہوا

sneeuw
برف

lente
بہار

herfst
خزاں

zomer
گرمی

winter
سردی

weervoorspelling

موسمی پیشگوئی

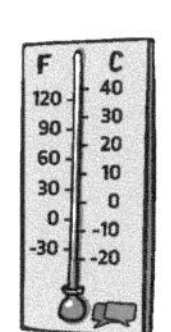

thermometer

تھرمامیٹر

zonneschijn

سورج نے چمک

wolk

بدل

mist

دھند

vochtigheid

نمی

bliksem

بجلی کڑکنا

donder

گرج

storm

نهیری

hagel

اولے

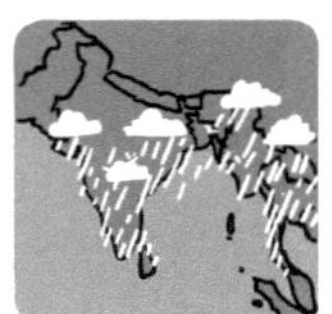

moesson

ساون

overstroming

سیلاب

ijs

برف

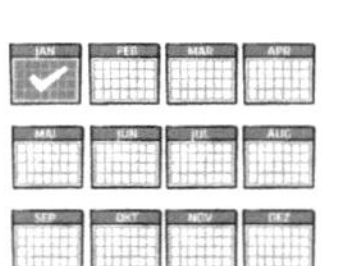

januari

جنوری

februari

فروری

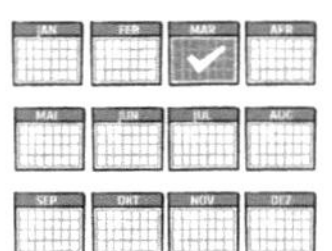

maart

مارچ

april

اپریل

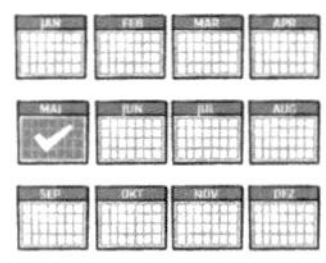

mei

مئی

juni

جون

juli

جولائی

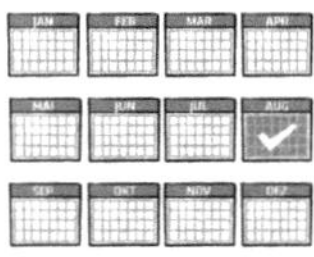

augustus

اگست

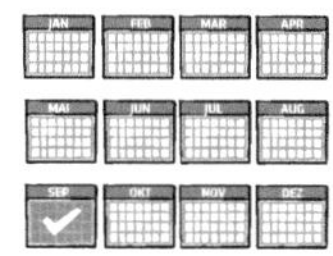

september

ستمبر

oktober

اکتوبر

november

نومبر

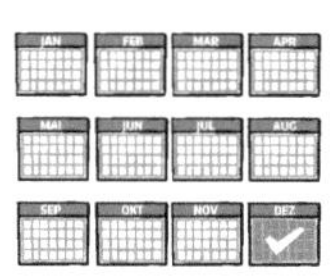

december

دسمبر

vormen

شکلاں

cirkel

گول

kwadraat

چوکور

rechthoek

مستطیل

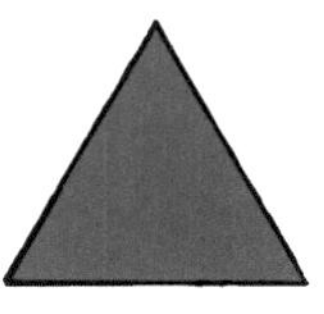

driehoek

مثلث

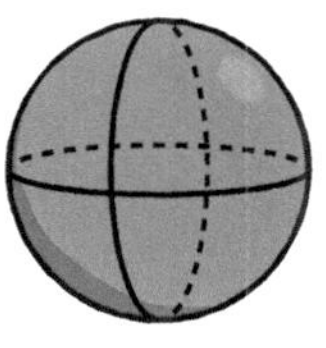

bol

دائرہ نما

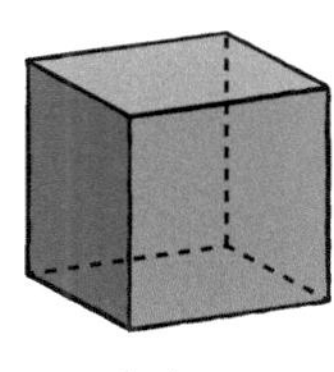

kubus

مکعب

kleuren

رنگ

wit

چٹا

geel

پیلا

oranje

نارنجی

roze

گلابی

rood

رتا

paars

جامنی

blauw

نیلا

groen

ہرا

bruin

کتھئی

grijs

سرمئی

zwart

کالا

tegengestelden

مخالف

veel / weinig

زیادہ / گھٹ

boos / kalm

ناراض / پرسکون

mooi / lelijk

خوبصورت / بدصورت

begin / einde

ابتداء / اختتام

groot / klein

وڈّا / نکا

licht / donker

روشن / نهیرا

broer / zus

بھرا / بہن

proper / vuil

صاف / گندا

volledig / onvolledig

مکمل / نا مکمل

dag / nacht

دن / رات

dood / levend

مردہ / اندہ

breed / smal

چوڑا / تنگ

eetbaar / oneetbaar

خوردنی / ناقابل خوردنی

kwaadaardig / vriendelijk

پھیڑا / چنگا

opgewonden / verveeld

خوش / ناخوش

dik / dun

موٹا / پتلا

eerst / laatst

پہلا / آخری

vriend / vijand

دوست / دشمن

vol / leeg

بھریا / خالی

hard / zacht

سخت / نرم

zwaar / licht

بھاری / ہلکا

honger / dorst

بھوک / پیاس

ziek / gezond

بیمار / صحتمند

illegaal / legaal

قانونی / غیر قانونی

intelligent / dom

ذہین / بیوقوف

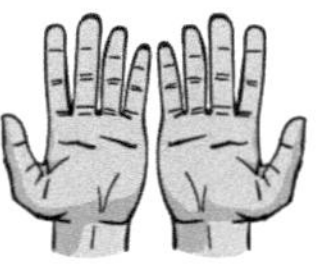

links / rechts

کھبا / سجا

dichtbij / veraf

کولے / دور

nieuw / gebruikt

....

نواں / پرانا

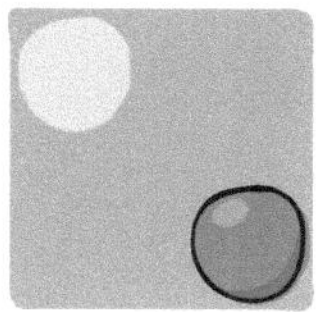

niets / iets

....

کجھ نئیں / سب کجھ

oud / jong

....

بڈھا / جوان

aan / uit

....

کھولنا / بند کرنا

open / dicht

....

کھولنا / بند کرنا

stil / luid

....

خاموشی / شور

rijk / arm

....

امیر / غریب

juist / fout

....

درست / غلط

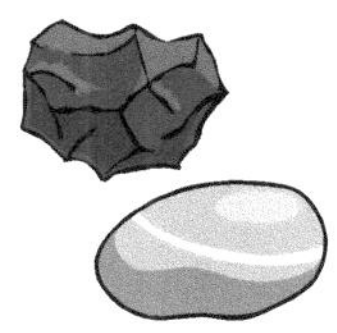

ruw / glad

....

کھردرا / ہموار

droevig / blij

....

افسردہ / خوش

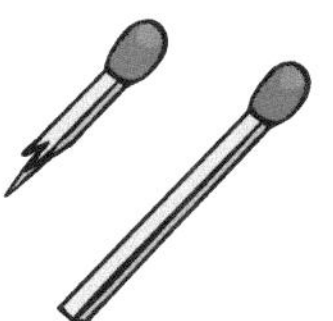

kort / lang

....

نکا / لما

traag / snel

....

آہستہ / تیز

nat / droog

....

گیلا / خشک

warm / koud

....

گرم / ٹھنڈا

oorlog / vrede

....

جنگ / امن

cijfers

اعداد

nul
صفر

1

één
اک

2

twee
دو

3

drie
تن

4

vier
چار

5

vijf
پنج

6

zes
چھ

7

zeven
ست

8

acht
اٹھ

9

negen
نو

10

tien
دس

11

elf
یاراں

12

twaalf

باراں

13

dertien

تیراں

14

veertien

چودا

15

vijftien

پندرہ

16

zestien

سولہ

17

zeventien

ستاراں

18

achtien

اٹھاراں

19

negentien

انیہ

20

twintig

وی

100

honderd

سو

1.000

duizend

ہزار

1.000.000

miljoen

ملین

Talen
بولی

Engels

انگریزی

Amerikaans Engels

امریکی انگریزی

Chinees (Mandarijn)

چینی مینڈیرین

Hindi

ہندی

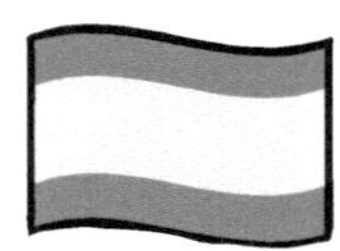

Spaans

سپینش

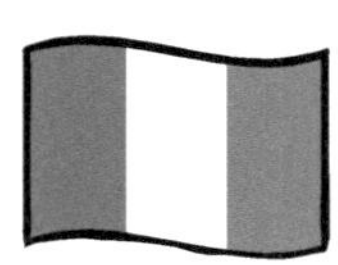

Frans

فرینچ

Arabisch

عربی

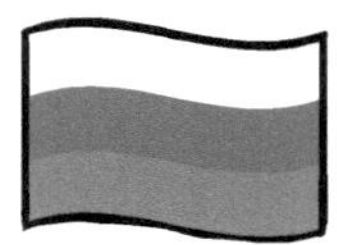

Russisch

رشئین

Portugees

پرتگالی

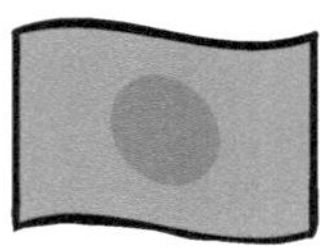

Bengali

بنگالی

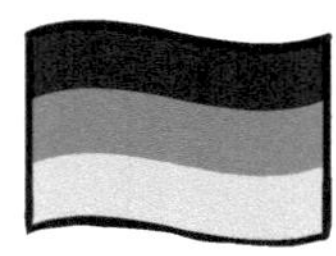

Duits

جرمن

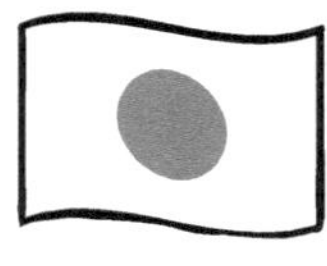

Japans

جاپانی

wie / wat / hoe

کون/ کی / کیویں

ik

میں

u

توں

hij / zij / het

وہ/وہ/ایہہ

wij

اسیں

u

توں

ze

او

wie?

کون؟

wat?

کی؟

hoe?

کیویں؟

waar?

کتھے؟

wanneer?

کدوں؟

naam

ناں

waar

کتھے

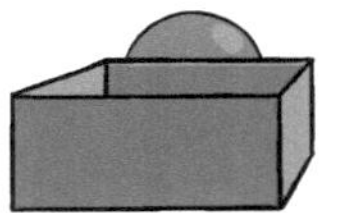

achter

پچھے

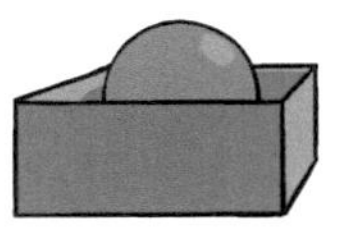

in

وچ

voor

نے سامنے

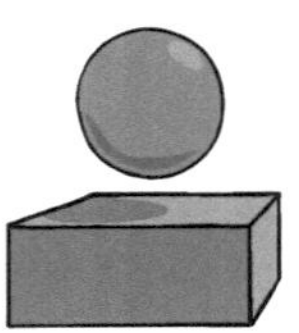

boven

تے

op

تے

onder

ہیٹھ

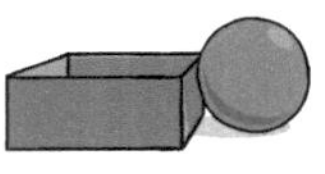

naast

سوا

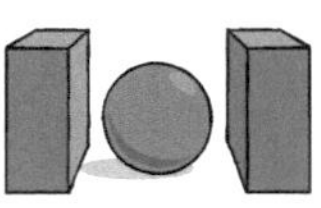

tussen

مابین

plaats

جگہ